A book of
self-affirmations
for adult girls

オトナ女子のための

自己肯定感
LESSON帖

中島 輝

Teru Nakashima

ステキなオトナ女子は100%自己肯定感が高い

いつも笑顔で、ほがらかで、感じがいい。
どんな人ともわけへだてなく接し、いっしょにいると居心地がいい。
落ち着いていて、バタバタしない。
内面から醸《かも》しだされる余裕のある雰囲気がある。
年齢にとらわれず、自分らしさを大切にしていて、
大人の魅力と若々しさの両方をもっている。
清潔感があって、さりげなくおしゃれで、そしてチャーミング。

「そんなオトナ女子になりたい!」という人も多いのではないでしょうか。
そのためのキーワードがじつは「自己肯定感」です。

自己肯定感が高いと、だれかと自分を比べて落ち込んでしまったり
将来が不安で焦ったり、人間関係にとらわれたり
自分に自信がなくて、自分が嫌いになってしまったり……
することが、少なくなっていきます。
「わたしはわたしでいい」と思えるようになって、余裕ができます。
自分の人生がカラフルで有意義なものに思えてきます。
内面が充実すると、外側にも波及して、ステキなオトナ女子ができあがります。

そして、自己肯定感は伝染します。
自己肯定感の高いあなたの近くにいるまわりのみんなも
自己肯定感が高くなるから、あなたにまた会いたいと思うのです。

本書は毎日ページをめくるだけでも、少しずつ自己肯定感が高まる
オトナ女子のためのレッスン帖。
ステキなオトナ女子になるため、
これからの人生を楽しむためにも、ぜひご活用ください。

はじめに

このたびは『オトナ女子のための自己肯定感ＬＥＳＳＯＮ帖』を手にとってくださり、ありがとうございます。

心理カウンセラーの中島輝です。

この本は「わたしはわたし、もう自分にダメ出しをしない！　自分を好きになる！」をモットーに、すべての女性が自信をもって笑顔で生きるための手助けになればと願って書きました。


あなたはこれまでの人生や経験で、社会の目や声によって自分を否定してしまうことはありませんでしたか？


「見た目がこうでないといけない」

「これができなければダメだ」

「オトナ女子は、こうあるべきだ」

多くの制約のなかで、わたしたちは自分を押し殺してしまいがちです。そんなきゅうくつな枠のなかに閉じ込められて、ちょっと息苦しさを感じている人もいるかもしれませんね。

でも、この本を通じて、あなたに知ってほしいのは、あなた自身の価値や力は、他人の評価で決まるものではないということです。

この本のテーマである「自己肯定感」とは、自分が自分であることに満足し、価値ある存在として受け入れられることです。いわば、わたしたちの人生の軸となるエネルギーです。

日々の生活のなかで、人と比べて落ち込んだり、自分の嫌なところが見えて自己嫌悪に陥ったり、なんでやさしくできないんだろうと罪悪感を抱いたりすることもあるかもしれません。

でも、それって普通のことですよね。

むしろ、落ち込んでいるときこそ、あなたにはのびしろがあるということ。自己肯定感を上げるチャンスなんです。

自分のいいところも、ちょっとダメなところも、まるっと受け止めて、「それがわたし！」と思えたら最強です。

わたしはあなたが「本当の自分」を大切にし、なにごとにも全力で臨む姿勢をもち、「自分を信じ」「自分を愛する」ことをこころから応援しています。

「さあ、自己肯定感を上げましょう」と言われてもハードルが高すぎる、と感じる人もいるかもしれません。でも大丈夫。

この本では、ほんのちょっとした自己肯定感アップのコツをたくさん集めました。「そんなことでいいの？」というものばかりですが、そんなことでいいんです！

この本の具体的なマインドセットや実践的な方法を行えば、あなたが自らの人生をもっと自由に確信に満ちて歩むことができます。つまり、自己肯定感が高まっていきます。

人生は途中で転ぶこともありますが、大切なのはそのたびに立ち上がる力です。

自己肯定感を高めれば、あなたのこれからの人生をきっと支えてくれるでしょう。

この本を手にとったあなたは、自分らしさをとり戻し、こころからの笑顔で自信をもって歩んでいけます。そして、もっと自分を好きになって輝きます。

もう自分にダメ出しをするのはやめましょう。

あなたは、世界で1人しかもっていない個性があるすばらしい存在。もう一度、自分を愛おしく感じて生きましょう。そして生きる喜びを思いっきり両腕に抱きしめて生きましょう。

あなたが自分と仲よくなり、自分をもっと認め、自分をもっと愛して生きていけるように、豊かで幸せな人生になることをこころから願っています。

2025年　春

中島輝

自己肯定感のちょっといい話

ある飲食店の店主さんの話です。

この店主さん、まだ若いころ、自分に自信がなくて、なにかを見つけるために日本各地を放浪していたそうです。いつも自分を責めつづけ、他人も責めつづけていて、とてもつらかったそう。

そんな彼がそのころ働いていた飲食店に、よく1人でくる女性客がいたそうです。いつもニコニコしてなにも言わず、ただお酒を1杯飲んでいく。

もっと頼んでくれればいいのに、と思いながらもいつも変わらない接客をしていました。

ところがある日、その女性がお酒もお料理もたくさん召し上がることがあったのです。不思議に思い、今日はどうしたんですか？　と聞くと……

「今日はわたしの誕生日なの。あなたがいてくれて本当によかった。ここに来たら、いつも自分をリセットできる。つらくても生きていける」

その言葉を聞いたとたん、店主さんは雷が落ちたかのような、天地がひっくり返るような思いがしたそうです。

なにかを見つけたり、何者かになろうとしてあがく必要はない。

「自分は自分のままでいい」

自分のままで毎日をていねいに生きていたら、見てくれる人がいる、誰かの役に立っている。

真っ黒だったオセロが一気にまっ白にひっくり返りました。

それから彼の世界は１８０度変わりました。目の前がパーッと開けて人生が楽しくなった。いまは多くの人に愛されるすばらしい飲食店を経営しています。


このエピソードからもわかるように、「自分は自分のままでいい」と思えること＝自己肯定感は、それほどまでに力があるのです。

本書では、「わたしはわたしのままでいい」と自分を認め、自分らしく生きていくためのコツを１２５個紹介しています。

少しずつでいい、毎日ていねいにとり組むと、あなたの世界がカラフルで楽しく意義のあるものに変わっていくでしょう。

CONTENTS

ステキなオトナ女子は100%自己肯定感が高い 002
はじめに 004
自己肯定感のちょっといい話 008

序章 「自己肯定感」について知っておきたいこと

■あなたの自己肯定感は「いま」どうなっている？ 022
■「自己肯定感」っていったいなに？ 024
■自己肯定感の「6つの感」とは？ 026
■あなたは「6つの感」のどの感が下がっている？ 028
■自己肯定感の高め方は朝・昼・夜・休日でちょっと違う 030

PART 1 「朝」の自己肯定感アップのコツ

今日1日を気もちよく過ごすために大切にしたいこと

001 朝、起きたら窓を開けて「ヤッター！」のポーズをとる 034

002 朝、起きたらお気に入りのコップで白湯を飲む 036
003 朝、目を開けたらすぐ起きる 目を開けて疲れを感じたら30分だけ二度寝する 038
004 朝、起きたらおふとんをきちんと整える 040
005 鏡のなかの自分に「今日もいい顔してる！」と声をかける 042
006 毎朝、体重計にのって体重をはかる 044
007 ハンカチにアイロンをかける 045
008 5分間だけそうじをする 046
009 会いたい人をイメージして生きる 048
010 ひとり言を言う 050
011 イライラしがちな人はポケットにいつでもガムを入れておく 051
012 毎日1つ小さな新しいことをしてみる 052
013 どうしてもやる気が出ないときは「休んじゃえ！」と1日だけサボる 053
014 「自分をよく知っている」人ほどオトナな人間 054
015 「I'm OK, I'm not OK」の考えで生きる 055
016 「わたしは絶対運がいい」とひそかに思い込む 056
017 「嫌われているかどうか」より「やりたいことをやれているか」 057

018 「許容範囲の器がデカい」オトナを目指す 058
019 「過去」はスルーする 060
020 「いま」を変えれば、「未来」が変わるので、「いつかやろう」の「いつか」は永遠に「未来」。「いま」やろう 061
021 「もし○○が起きたら、△△をする」と、あらかじめ決めておく 062
022 「できる」よりも「できる、できる、できる」 064
023 うまくいって楽しく打ち上げをするところまでイメージする 066
024 不安になったら空を見上げる 068
025 落ちていただれかのゴミを拾ってゴミ箱に捨てる 070
026 「わたしって、イイ人!」と思ってあいさつをする 072
027 オフィスのデスクまわりに自分の好きな小物を置く 074
028 「すみません」ではなく「ありがとう!」を口ぐせにする 076
029 なかなか行動に移せないときは「完璧主義になってない?」と自分に質問する 077
030 なにからはじめればいいかわからないときは「重要か」「緊急か」で仕分ける 078
COLUMN 1 夢を叶えるために残された時間 080

PART 2

「昼」の自己肯定感アップのコツ

ゆとりをもっていねいに過ごすために大切にしたいこと

031 ステキなオトナ女子は感情を放し飼いにしない …… 082
032 なにがあっても「仕事ですから」と考える …… 084
033 仕事の期日を「〆切」ではなく「約束」と解釈する …… 085
034 とりあえず2分だけやってみる …… 086
035 ちょっとおおげさにリアクションしてみる …… 088
036 「○○さんがあなたのことほめてたよ」と伝える …… 090
037 相手がもっているもの身につけているものをほめる …… 091
038 「どうするつもり？」ではなく「なんとかなるよ！」と言ってあげる …… 092
039 「なんで協力してくれないの？」と責めるのではなく「～してくれるとうれしいな」とお願いする …… 094
040 「できない…」「もうムリ…」と言ってしまったら、そのあとに「かもしれない」とつけ足す …… 096
041 「そういう意見もありますね」でやんわり相手に異を唱える …… 098
042 怒りが湧いたらとりあえず6秒だけ数えてみる …… 100

043 あなたを追いつめる人も　じつは追いつめられている …… 101
044 後輩女子には　気くばりしつつサラリとつき合う …… 102
045 ほめられたら「いえいえ…」ではなく　「ありがとうございます！」 …… 104
046 「ベテラン」と言われて　ムカつくのではなく　「ベテランですから」と胸をはる …… 105
047 オトナ女子のステキな　雑談のきほんは　「ほめ合う」「共有する」「情報交換」 …… 106
048 マウントをとりにくる人は　「かわいそうな人」だと思ってあげる …… 108
049 「パンッ！」と　手をたたく …… 110
050 ペンを「グッ」とにぎって　「パッ」とはなす …… 111
051 ものごとに煮つまったら　10分だけぶらぶらしてくる …… 112
052 どうしても決められないなら　サイコロで決める …… 114
053 温かい飲みものを　飲みながら話し合う …… 116
054 どうしても「NO」と言えないときは　「少し考えさせてください」 …… 118
055 ついイラついて怒ってしまう人は　「また怒っちゃった…」の反省の　ひとり言をつけ足す …… 120
056 10秒間目を隠してうつむき　少し腰を曲げる …… 121

057 人の意見が気になるのは人の意見をとり入れられる柔軟さがあるから …… 122
058 人に甘えたり、頼ったりできないのは、実力があってこれまでできてきたってこと …… 123
059 「応援してるね！」とことばに出す …… 124
060 お花を買ってだれかにプレゼントする …… 125
061 誘いを断るときは「誘ってくれてありがとう」のひと言をセットで …… 126
062 いい香りをかいで「いま」に集中する …… 128
063 つらくなったら呼吸に意識を向ける …… 130
064 嫌いな人、苦手な人をよく見てみて。自分と似ているのかも …… 132
065 「この人といっしょにいるときの自分、あまり好きじゃない」という人とはなるべくつき合わない …… 133
066 「すごいね」「いいね」「よかったね」を求めない …… 134
067 「自分のためにがんばる」より「だれかのためにがんばる」ほうが力が出る …… 135
COLUMN 2 自分の「色眼鏡」の外し方 …… 136

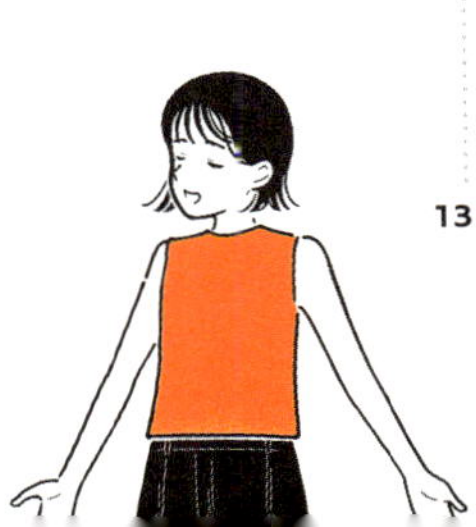

PART 3

「夜」の自己肯定感アップのコツ

1日の疲れを癒やし、明日にそなえるために大切にしたいこと

068 「疲れた…」ではなく「よくがんばった！」…… 138
069 自分をよくほめてあげる「わたしってえらい！」と…… 140
070 「自分だけソンしてる」と思ったら、「だれもわかってくれない」こころが疲れている証拠…… 142
071 イライラしたら自分を甘やかしたほうがいいというサイン…… 143
072 怒りをため込む人はため込めるだけのエネルギーがある…… 144
073 「ま、いっか」を口ぐせにする…… 146
074 仕事帰りにサクッと友だちと会い、サクッと30分で解散する…… 148
075 だれかに手土産をあげることを想像しながらデパ地下をまわる…… 149
076 ぐるぐるずっと同じことで悩んだら「もう、や～めた」と口に出す…… 150
077 いろいろあった日は本屋さんに寄り道してから帰る…… 151
078 緊張がなかなかとれないときは目の緊張をとる…… 152
079 人はネガティブがデフォルトであると心得る…… 154
080 相手のこころを深読みしだしたら自己肯定感が低くなっているサイン…… 155

081 自分のことじゃなくて、だれかのことで悩んでないか考える……156
082 「自分のこと好き」でなくても「自分のこと嫌いじゃない」でいい……158
083 落ち着かないときは「体育座り」をしてみる……159
084 「いいね」をもらっても満たされないのは、さらに「いいね」を集めなければならないから……160
085 太るとわかっていても甘いものをやめられない人は、ちゃんとおいしく食べてない……161
086 お気に入りの日記帳を買って、毎日、開く……162
087 食事日記をまずは7日間、つけてみる……163
088 嫌なことを書きだせば、嫌なことが消えていく……164
089 嫌なことを紙に書いて、くしゃくしゃに丸めてポイッと捨てる……166
090 嫌なことがあったら、嫌なことを数値化してみる……168
091 1日3つ、よかったことを書きだす……170
092 なにもしないで1日が終わってむなしさを感じたらそれは、「なにかしなくちゃ」と思えた証拠……172
093 昔よりモテなくなったらターゲットをフォーカスする時期が来たってこと……173
094 もしあなたが、あなたが尊敬する人だったらどう考えるか、考える……174

095 明日着る服を用意しておく 176
096 「明日できることは明日やろう」でいい 177
097 ぎゅ～っと8秒間「セルフハグ」をする 178
098 できれば7時間以上、ぐっすり眠る 179
COLUMN 3 「だれと過ごすか」が人生を決める 180

PART 4 「休日」の自己肯定感アップのコツ

人生を楽しみ、明日からもがんばろうと思うために大切にしたいこと

099 休日だからこそ早起きをする 182
100 しばらく連絡していなかった友だちに連絡してみる 183
101 「今日はだらだらする」と決めて、積極的にだらだらする 184
102 どうなるかわからないだれかのために予定を空けておかない 186
103 「ひとり時間」は人生のなかでとてもぜいたくな時間と考える 187

104 友だちがキラキラ見えて焦りを感じたならそれは、あなたがキラキラしだすための発動サイン …… 188
105 昔からの友だちと話が合わなくなったと感じたら、新しい友だちをつくるチャンス …… 189
106 「推し活」は楽しければ、自己肯定感にとてもいい …… 190
107 ショッピングにいって、店員さんのおすすめにイラッとしたら、その日は買いものする日じゃない …… 192
108 前よりやせにくくなったら、新しいステージがやってきたってこと …… 193
109 いつも選ばないものを選んでみる …… 194
110 「結婚したい」のに「婚活はする気がない」なら、まずなぜ結婚したいか書きだしてみる …… 196
111 親との関係がこじれたら「見守ってほしい」とだけ言う …… 197
112 やりたいことをひたすら100個書きだしてみる …… 198
113 なにかあったら助けてくれる人をあらかじめピックアップしておく …… 200
114 近所の神社にお参りにいく …… 202
115 お墓参りにいく …… 203
116 もしあなたが5年後死ぬとしたら、後悔しないためにしたいことを書きだす …… 204
117 憂うつな日曜日の夜は、明るくて人がいる場所へ行く …… 206

118 自分がフラットになれるホーム（居場所）を見つけておく 207
119 ときにはひとりになることを優先してみる 208
120 「自分のからだを大切に扱う」それがオトナ女子のオキテ 209
121 緑のなかをゆっくり歩いて葉っぱのにおいをかいでみる 210
122 歳を重ねるほど楽しくたくさん遊ぶ 212
123 あなたが88歳になったとき、いまのあなたになんと声をかけるか考える 214
124 小さくてもいいから、自分がだれかの役に立つことを考えてみる 216
125 感謝の手紙を書いてみる 218
参考文献 IV
さくいん I

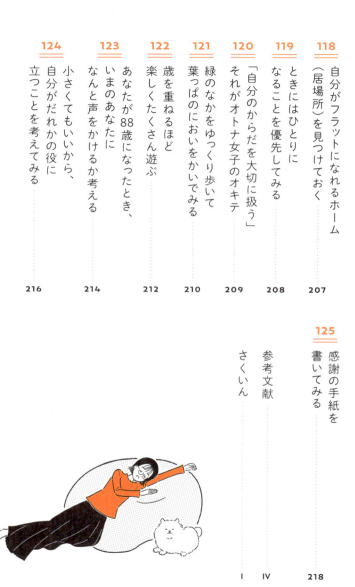

序　章

「自己肯定感」について知っておきたいこと

あなたの自己肯定感は「いま」どうなっている？

自己肯定感はいつも高いわけではありません。状況によって高くなったり、低くなったりするのが特徴です。しかも、その高低はあなたのものごとの考え方や行動力、判断力にダイレクトに影響を与えます。

いま、あなたの自己肯定感は高いでしょうか、それとも低いでしょうか？　自分の状態がわからないという人も多いかもしれませんね。そこで、「オトナ女子のための自己肯定感チェックシート」を用意しました。次の12個の質問に答えることで、いまのあなたの自己肯定感の状態がわかります。

チェックシートをやってみた結果、自己肯定感が低かったとしても大丈夫。自己肯定感は、何歳からでも、いつからでも後天的に育てられます。むしろ、これから自己肯定感が伸びていく余地がたくさんあるということなのです。本書で紹介する、自己肯定感を育てるヒントを参考にしてみてくださいね。

オトナ女子のための
自己肯定感チェックシート

下記の質問に○か×で答えてください。○の数はいくつありましたか?
○の数によってあなたのいまの状態がわかります。

- 0～5個…自己肯定感が高い
- 6～9個…自己肯定感が中くらい
- 10個以上…自己肯定感が低くなっている

		○ or ×
1	朝、鏡を見たとき、自分の嫌いな部分がとても気になってしまう	
2	SNSを開くたび、友だち・知り合いが自分と比べて充実しているように見えて、落ち込む	
3	職場や学校、自分が所属するコミュニティや家庭でちょっと注意されただけで落ち込んでしまい、なかなか立ち直れない	
4	自分のペースを乱されると、ささいなことでもイラッとしてしまうことがある	
5	ふとしたときに「ムリ」「忙しい」「疲れた」「つらい」「嫌だ」「ダメ」といったネガティブな言葉が口をついて出てしまう	
6	「こうあらねば」「こうするべき」と考えてしまい、なかなか行動に移せない	
7	上司や同僚、後輩、友だち、家族やパートナーに言われた何気ないひと言が気になって、こだわってしまう	
8	やりたいことを今度こそやろうと決めても、まわりの人の目が気になって、躊躇してしまう	
9	朝、服選びに悩んでしまい、準備に時間がかかってしまう	
10	一度決めたことでも、本当にこれでいいのかとうじうじと悩みがち	
11	新しいことに挑戦したいと思っても、「どうせ」「自分はできない」といったこころの声が聞こえてきて、踏みだせない	
12	道を歩いているときや電車から降りるとき、エレベーターに乗るときなど、ノロノロしている人にイライラしてしまう	

「自己肯定感」っていったいなに？

自己肯定感がかんたんに上下動してしまうのは、自己肯定感が〝6つの感〟で支えられているためです。

1　自尊感情（自分には価値があると思える感覚）
2　自己受容感（ありのままの自分を認める感覚）
3　自己効力感（自分にはできると思える感覚）
4　自己信頼感（自分を信じられる感覚）
5　自己決定感（自分で決められるという感覚）
6　自己有用感（自分はなにかの役に立っているという感覚）

〝6つの感〟は密接につながり、影響しながら自己肯定感を形づくっています。

まずはそのしくみを知り、自己肯定感の低下がどの〝感〟によって引き起こされたのかを知ると、適切に対処できるようになります。

「自己肯定感」を木にたとえると?

自己肯定感の木は“6つの感”で大きく育ち、開花し、実を結びます。あなたの自己肯定感の「種」は、次の世代へ引き継がれます。それはあなたの子どもかもしれませんし、あなたのまわりの誰かかもしれません。

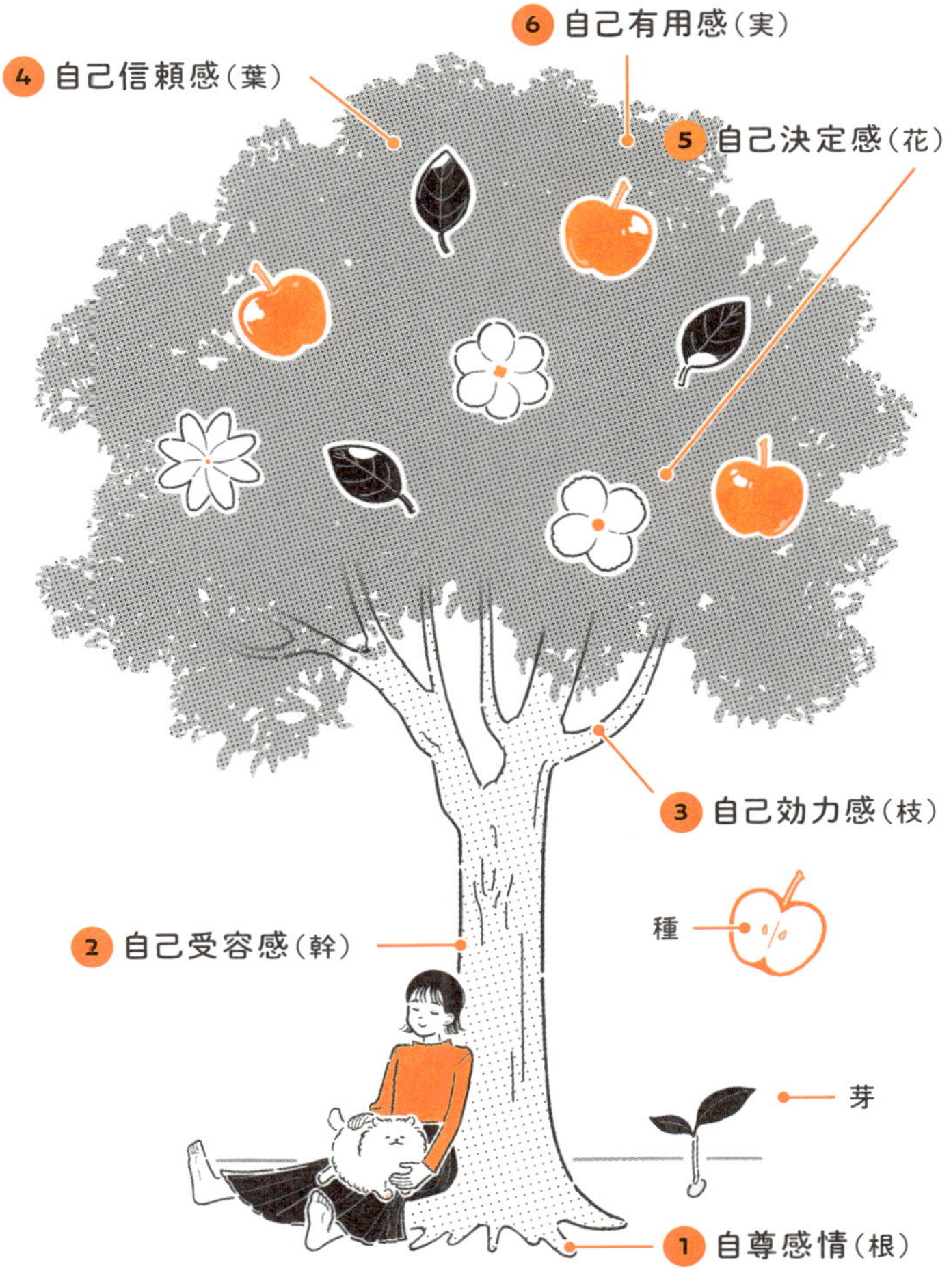

自己肯定感の「6つの感」とは?

1 自尊感情

自分には価値があると思える感覚

自尊感情は、あなたが自分のパーソナリティを自分で評価し、価値を認識し、大切にする感情です。自尊感情が安定していると、「自分っていいよね」と自分を尊ぶことができ、ものごとを肯定的にとらえることができます。

2 自己受容感

ありのままの自分を認める感覚

ポジティブもネガティブもあるがままに認められる感覚で、自分らしくしなやかに生きるために不可欠なものです。不完全な自分も「これがわたし!」と思え、ほかの人のことも「あなたはあなた」と受け入れることができます。

3 自己効力感

自分にはできると思える感覚

自己効力感が安定していると、人生は何度も何度も挑戦できるしやり直せる、あきらめなければ目標を達成できると信じられるようになります。失敗は次への成長の種だとポジティブにとらえることができるのです。

4 自己信頼感
自分を信じられる感覚

自分を信じる力がある人は、挫折したとしても自分を回復させ、再び立ち上がることができます。「わたしには自信がある」という根拠のない自信があることこそが、強くあなたを支えてくれる原動力になります。

5 自己決定感
自分で決められるという感覚

自分で主体的に決定できるという感覚があると、自分で選択肢を広げることができます。そしてそのなかから主体的にこれ！と選択することができるので、誰かに依存したり、人と比較したりすることなく人生を歩めます。

6 自己有用感
自分はなにかの役に立っているという感覚

自己有用感が高まると、自分は多くの人によって支えられているという安心感が得られます。すると、自然とだれかの役に立ちたいと思え、行動に移すことができるように。人から感謝されることで、幸福感も得られます。

自己肯定感の「6つの感」は
影響し合っています

あなたは「6つの感」のどの感が下がっている？

じつは23ページで紹介した「自己肯定感チェックシート」で投げかけた12の質問は、〝6つの感〟の状態をはかる問いにもなっていました。あなたが「○」をつけた問いに対する〝感〟が低くなっているのです。

あなたはどの〝感〟が低くなっていましたか？

本書ではオトナ女子のための自己肯定感を上げるコツを125個紹介していますが、どの〝感〟に対応しているかわかるようになっています。すべてを一読していただいてもいいですし、巻末のさくいんで確認してとくに低くなっていた〝感〟のページから読んでいただいてもかまいません。まずは自分に関係が深い〝感〟を知り、低下したときのちょっとしたコツを知ることで、ほかの〝感〟に対する理解も進んでいきます。1つの〝感〟を入り口にして、「そんな自分もいいね」と思えるようになると、少しずつ自己肯定感もアップしていくでしょう。

＼「6つの感」のどれが下がっている？／

オトナ女子のための自己肯定感チェックシート

23ページの「自己肯定感チェックシート」の結果を再度確認してください。じつは12個の質問は「6つの感」の状態がわかる問いにもなっています。○がついた「感」が低くなっているということです。

		○ or ×	
1	朝、鏡を見たとき、自分の嫌いな部分がとても気になってしまう		自尊感情
2	SNSを開くたび、友だち・知り合いが自分と比べて充実しているように見えて、落ち込む		自尊感情
3	職場や学校、自分が所属するコミュニティや家庭でちょっと注意されただけで落ち込んでしまい、なかなか立ち直れない		自己受容感
4	自分のペースを乱されると、ささいなことでもイラッとしてしまうことがある		自己受容感
5	ふとしたときに「ムリ」「忙しい」「疲れた」「つらい」「嫌だ」「ダメ」といったネガティブな言葉が口をついて出てしまう		自己効力感
6	「こうあらねば」「こうするべき」と考えてしまい、なかなか行動に移せない		自己効力感
7	上司や同僚、後輩、友だち、家族やパートナーに言われた何気ないひと言が気になって、こだわってしまう		自己信頼感
8	やりたいことを今度こそやろうと決めても、まわりの人の目が気になって、躊躇してしまう		自己信頼感
9	朝、服選びに悩んでしまい、準備に時間がかかってしまう		自己決定感
10	一度決めたことでも、本当にこれでいいのかとうじうじと悩みがち		自己決定感
11	新しいことに挑戦したいと思っても、「どうせ」「自分はできない」といったこころの声が聞こえてきて、踏みだせない		自己有用感
12	道を歩いているときや電車から降りるとき、エレベーターに乗るときなど、ノロノロしている人にイライラしてしまう		自己有用感

自己肯定感の高め方は朝・昼・夜・休日でちょっと違う

自己肯定感の効果的な高め方は、時間帯によって少し違ってきます。

自己肯定感はつねに一定ではなく、上がったり下がったりすることはすでにお話ししたとおりです。

朝から元気なときもあれば、テンションが低い日もある。昼は元気だったけど夜になると不安になってくる……それでも、できればいつも自己肯定感が安定して高い状態をキープしたいですよね。

この本では、自己肯定感アップのコツを「朝・昼・夜・休日」と分けて紹介しています。

1つひとつのコツを読む前に、まずは、「朝・昼・夜・休日」それぞれ、どのようなイメージで自己肯定感をアップすればいいのか、ご紹介しましょう。

朝の自己肯定感の高め方

朝の自己肯定感は1日を左右します。やる気を出し、モチベーションをアップするための時間にしたいもの。ちょっと気もちが沈みがちなときでも、「やるぞー！」「ヤッター！」などのポーズをとる、テンションが上がる曲をかけるなど、少しでも気分が上がる行動を。朝の時間を充実させることで、1日のスタートが楽しくなります。

昼の自己肯定感の高め方

日中は仕事や勉強など、なにかにとり組んでいる人がほとんどでしょう。できるだけストレスを減らし、集中力を高めたいもの。人とのかかわりも多い時間帯なので、調和をとりながら、なるべく感情の浮き沈みがないようにこころがけるのがポイント。そのためには、仕事の合間にちょっとほっとひと息つくなど、バランスをとることも大切です。

夜の自己肯定感の高め方

夜は1日の疲れを癒やし、リラックスする時間。いいことがあった日もなかった日も、冴えない1日だったとしても、「今日もよくがんばった！」と自分で自分をほめ、ねぎらってあげましょう。短い時間でもいいので、静寂のなかで自分と向き合う時間をもつことも、とても大切です。自分を抱きしめて、「ありのままで大丈夫」と伝えてあげましょう。

休日の自己肯定感の高め方

休日は、自分でそうすると決めたなら、外出してもゴロゴロしても、過ごし方はなんでもOK。大切なのは“いま”を楽しむこと。エネルギーをしっかりチャージして、自分がいま、興味・関心があることはなにか、本当にやりたいことはなにかなど、ゆっくり考える時間に当てるのもおすすめ。それが次への行動力となっていきます。

この本の使い方

本書では、自己肯定感が高まるちょっとしたコツを朝・昼・夜・休日のカテゴリー別に集めました。ぜひ毎日にとり入れてみてください。

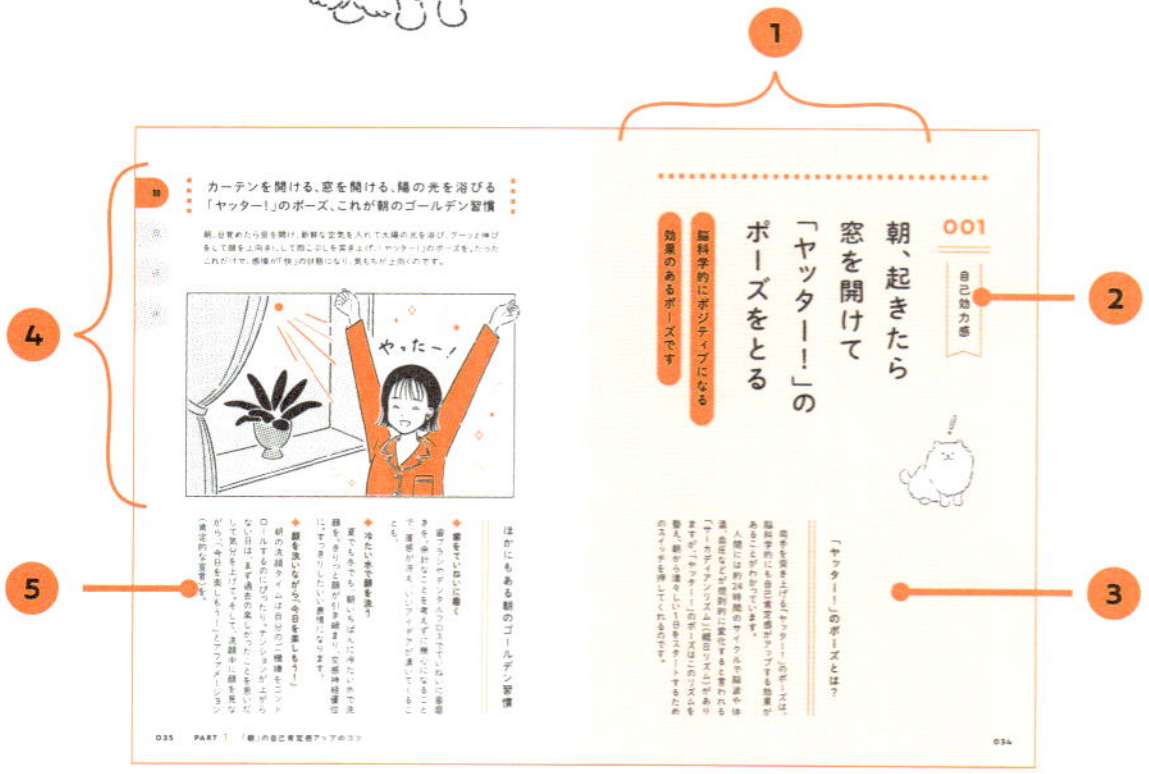

1 自己肯定感が高まるコツ

ひと目でなにをすればいいかわかるダイジェスト版です。気になったところから読んでもOKです。

2 「6つの感」のどの感？

「6つの感」のどの感が高まるかがひと目でわかります。29ページで○がついた感を高めるのがおすすめです。

3 補足情報

①のダイジェスト版の補足情報を記載しています。

4 やり方&理由を解説

①のやり方やなぜ高まるかの理由などをわかりやすいイラスト入りで解説しています。

5 さらに高まるヒントやポイントを紹介

①と同等の効果があるコツやヒント、またポイントなどを紹介しています。

PART 1

「朝」の自己肯定感アップのコツ

今日1日を気もちよく過ごすために
大切にしたいこと

001

自己効力感

朝、起きたら窓を開けて「ヤッター！」のポーズをとる

脳科学的にポジティブになる効果のあるポーズです

「ヤッター！」のポーズとは？

両手を突き上げる「ヤッター！」のポーズは、脳科学的にも自己肯定感がアップする効果があることがわかっています。

人間には約24時間のサイクルで脳波や体温、血圧などが規則的に変化すると言われる「サーカディアンリズム」（概日リズム）がありますが、「ヤッター！」のポーズはこのリズムを整え、朝から清々しい1日をスタートするためのスイッチを押してくれるのです。

朝
昼
夜
休

カーテンを開ける、窓を開ける、陽の光を浴びる「ヤッター！」のポーズ、これが朝のゴールデン習慣

朝、目覚めたら窓を開け、新鮮な空気を入れて太陽の光を浴び、グーッと伸びをして頭を上向きにして両こぶしを突き上げ、「ヤッター！」のポーズを。たったこれだけで、感情が「快」の状態になり、気もちが上向くのです。

ほかにもある朝のゴールデン習慣

◆歯をていねいに磨く

歯ブラシやデンタルフロスでていねいに歯磨きを。余計なことを考えずに無心になることで、直感が冴え、いいアイデアが湧いてくることも。

◆冷たい水で顔を洗う

夏でも冬でも、朝いちばんに冷たい水で洗顔を。きりっと顔が引き締まり、交感神経優位に。すっきりしたいい表情になります。

◆顔を洗いながら「今日を楽しもう！」

朝の洗顔タイムは自分のご機嫌をコントロールするのにぴったり。テンションが上がらない日は、まず過去の楽しかったことを思いだして気分を上げて。そして、洗顔中に顔を見ながら、「今日を楽しもう！」とアファメーション（肯定的な宣言）を。

002

自己信頼感

朝、起きたらお気に入りのコップで白湯を飲む

血流をよくして、朝から元気になります

白湯のつくり方

白湯《さゆ》は水を沸騰《ふっとう》させつづけたお湯(熱湯)のこと。煮沸《しゃふつ》させることで殺菌効果や不純物をとり除く効果が期待できます。次の手順でいただきましょう。

1. 水道水からつくる場合は、強火で沸騰させたあと、弱火で10分ほど火にかけつづけます。
2. 飲むときは50℃前後になるまで自然に冷まし、ゆっくりと少しずついただきます。

朝、目覚めたらおふとんのなかで30秒伸びをして起き、白湯を飲む —— 血流がよくなる習慣

伸びをすることで血流がよくなり、恐怖を感じたときに出るコルチゾールが下がり、勇気のホルモン・テストステロンが増加。白湯を飲むと内臓機能が温まり、体内の老廃物が排出され、むくみや便秘の解消、冷え性の改善につながります。

003

自己決定感

朝、目を開けたらすぐ起きる目を開けて疲れを感じたら30分だけ二度寝する

習慣化しておけば、朝、余計な感情処理をせずにすみます

1日は朝の目覚めで決まる！ でもダルい日は二度寝もOK！

最高の1日を過ごすポイントは「朝」にあります。朝はバタバタと忙しいものですが、少しでも朝を自分だけの時間として使えるようになると、幸福感が高まり、自己肯定感もアップ。1日を気もちよくスタートできます。

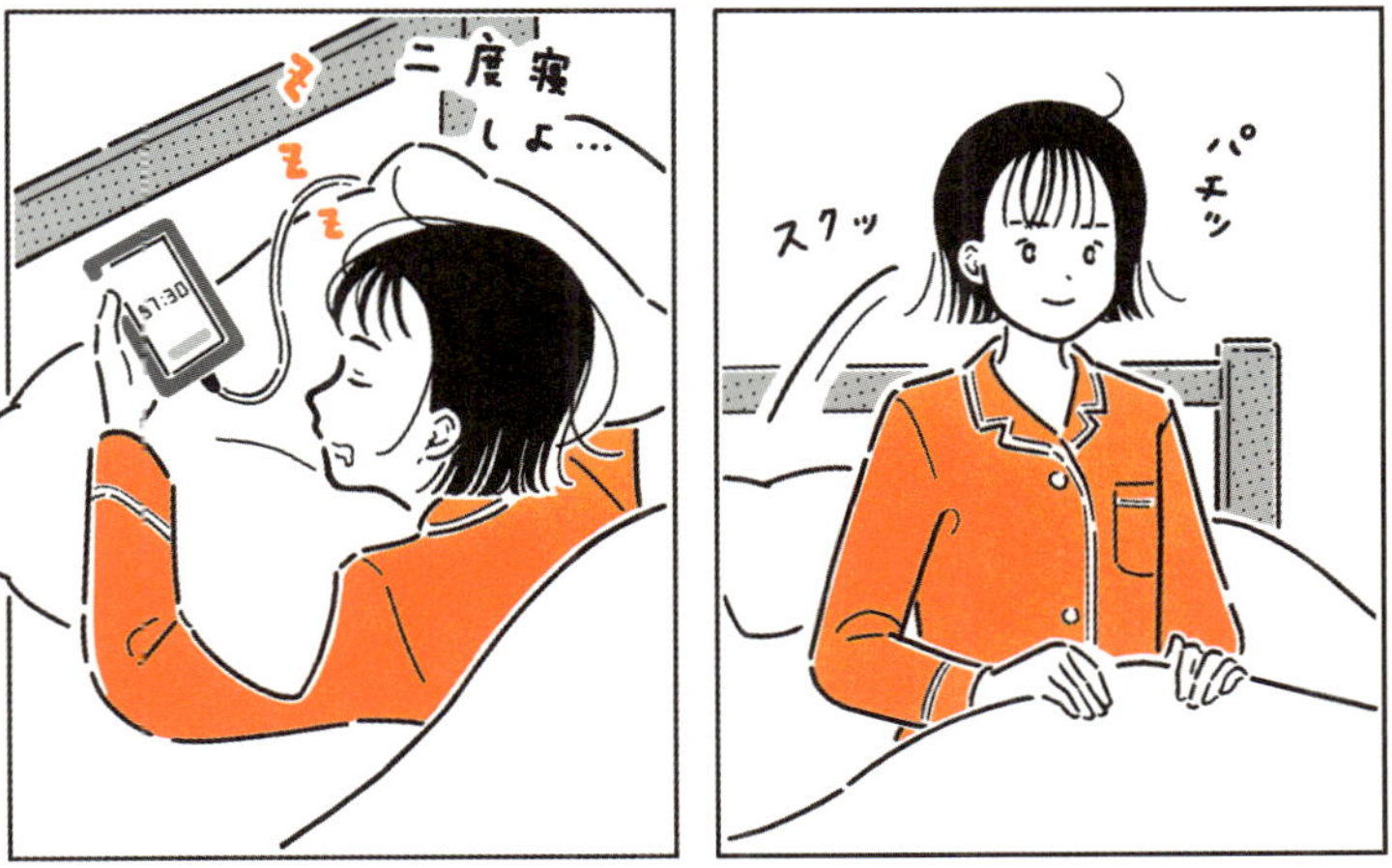

気もちのよい朝の目覚めをつくるコツ

◆好きな音楽をアラームに

「朝起きたら、これ！」と、気もちよく活動をはじめられる音楽を目覚ましのアラームに。楽しい1日の時間を自動的に呼び起こします。

◆15分、早く起きる

朝時間を自分専用の時間として活用するために早起きを。いきなり早く起きるのは難しいので、まずは15分だけ早く起きてみましょう。習慣化しやすくなります。

◆ルーティンをつくって悩まない

朝起きたらカーテンを開けて窓を開ける、シャワーを10分浴びる、前日の夜に着る服を用意しておく……朝のルーティンをつくって迷わず実行！ それが朝時間の余裕をつくります。直感が冴えてアイデアも浮かびやすくなります。

004

自尊感情

朝、起きたら おふとんをきちんと整える

ベッドメイキングをする人は幸福度が高い

おふとんを整えることは、自分で自分の人生をコントロールできることにつながる

朝起きたら、すぐにおふとんやベッドを整えましょう。きれいに整ったベッドを見ると清々しい気もちになり、脳は「さあ、いまから活動をはじめるよ！」というサインをキャッチ。そして、1日を気もちよくスタートすることができるのです。

見逃せないベッドメイキングの効果

ベッドメイキングの習慣は、幸福度と関連しています。ただ寝床を整えるだけなのに、なぜ？　と思われるかもしれませんね。実際、「ベッドメイキングをしていない」と答えた人の62％は「自分は不幸だ」と感じ、「ベッドメイキングをしている人」の71％は「自分は幸福だ」と回答した海外の研究報告もあるのです。

わたしたちは本来、自分の人生は自分でコントロールできると知っています。でもそれをできないと思い込まされているのです。毎朝のベッドメイキングは、快適な1日がはじまるスイッチを入れるきっかけになります。

今日1日を気もちよく過ごすための、ささいな行動の1つにすぎませんが、それは「自分の人生をよい方向にコントロールしている」ことにつながります。自分を気もちよくさせてあげる行動で、自己肯定感もアップ！　人生をハッピーにしてくれるかんたんな方法なのです。

005

自尊感情

鏡のなかの自分に「今日もいい顔してる！」と声をかける

誰かに言われたのと同じ効果があります

朝

昼

夜

休

鏡のなかの自分にポジティブな言葉をかけて気分よく1日をスタートさせよう

朝、鏡を見たら自分にポジティブな声かけを。「きれいだね」なんて言えなくてもOK。「今日もいい感じ♪」「1回で髪形が決まったね」「目が澄んでいるね」などの声かけを毎日続けると、不思議と自己肯定感がスーッと高まります。

鏡のなかの自分をどう思うかでその日の自己肯定感がわかる

鏡に映る自分を見て、どう感じるかによって自分の自己肯定感の変化を知ることができます。たとえば朝、顔を洗うときに「シワが増えたかも」「顔、むくんでる？」など嫌なところが目についてしまうときは、自己肯定感が下がっている傾向が。逆に、いいところに目が行き、ポジティブな言葉が出てくるときは、自己肯定感が上がっている証拠。できれば1日のスタートは気もちよくはじめたいもの。自分に前向きな声かけをして「快」の気分で向き合うと、ポジティブな面に注意が向くようになります。

花を飾るのもおすすめ。花は部屋に彩りを与えてくれるだけでなく、ストレスを軽減させ、こころ安らぐアイテムです。美しいものを眺める時間がもてること、花を楽しめる自分であることが、自己肯定感を高めてくれます。また鏡の前におけば、顔が明るく見える効果も。

006

自己効力感

毎朝、体重計にのって体重をはかる

体重をはかるだけで体調管理ができます

ダイエット・体調管理のきほん

体重の変化を把握しておくことは、体調管理をするうえでも大切な習慣。今日の体重には、昨日のあなたの生活が映しだされます。もし1キログラム増えていたら、「前の日に食べすぎちゃった！」などとわかり、すぐに修正できます。これがムリなく確実にダイエットできるきほん。毎日続ける習慣で、計画的に体調管理ができる。これだけでも自己肯定感が高まります。

007

自己信頼感

ハンカチにアイロンをかける

ピシッときれいに整ったハンカチはこころも整っている証

集中した単純作業がモヤモヤを解消してくれる

頭のなかにモヤモヤと気にかかることがあり、気にしないようにすればするほど頭から離れない……そんなこと、ありませんか。

たとえば、映画やドラマで思いっきり泣いたとき、お笑いライブで大笑いしたあとなどに、モヤモヤが消えてしまうことがあります。これが「カタルシス効果」。このカタルシス効果を家にいながらできるのが、アイロンがけ。

ピシッと折り目正しくハンカチにアイロンをかけると、なぜかこころもスッキリ。集中した単純作業がカタルシスを生み、ストレスコントロール力をアップしてくれます。

008

自己効力感

5分間だけそうじをする

いつもよく使う場所をきれいにするだけでテンションが上がります

5分間のそうじ習慣でドーパミンを分泌

自己肯定感が下がる理由の1つに、マンネリ化、刺激不足があります。慣れきった生活のなかで感情のゆらぎがないと、脳の快楽物質であるドーパミンが出ない状態になり、不足してしまうのです。

そこでおすすめなのが、休日に、日常よく使うところを、ほんのちょっと5分間だけそうじをすること。慣れきった日常生活に刺激を与えることができます。同じ理由で玄関マットやフェイスタオル、ランチョンマットなど日常使いのものを新しくするのもいい刺激になります。

洗面台、キッチン、玄関…
いつもよく目に入るところをきれいにする

洗面台、キッチン、玄関、トイレ、お風呂などいつもよく使う場所ほどきれいにしましょう。目にするたびに「きれいだな」という気もちを味わえ、達成感もアップ。これだけで自己効力感が増し、楽しい1日を送れます。

009

自己信頼感

会いたい人をイメージして生きる

実際に会える確率が上がります

朝
昼
夜
休

ふさわしい人はあなたの準備が整ったときやってくる

わたしたちの人生は、二度とくり返されることはありません。「いまのあなた」としてまったく同じ人生を送ることは、もうないのです。その人生のなかで出会う人は、すごい確率であり、とても貴重な存在です。

「一期一会《いちごいちえ》」という言葉があります。これは、「人との出会いを大切にしましょう」という意味だけではありません。一度きりの人生のなかに訪れる貴重な出会いに誠意を尽くすこと、それが一期一会のこころがまえなのではないでしょうか。

貴重な出会いに備えて、あなたも「出会いたい人」をイメージして生きてみませんか。イメージするときは、できるだけ具体的にありありとイメージしましょう。「こんな人と出会いたい」「あの人と話してみたい」。具体的にイメージすることで、潜在意識が働き、本当のいい出会いがやってくる確率がアップします。自己肯定感が高い人ほど、出会いを必然ととらえ、誠意をもって振る舞うことができるのです。

イメージを現実化するためのコツ

予祝をする

祝福をあらかじめ予定して前祝いすることを「予祝」といいます。脳には、その人がもつ関心事に対して無意識のうちに関連する情報を集めるという作用があります。予祝すること、つまり先に願いが叶った状態を喜ぶと、叶うための情報が集まりやすくなり、結果的に理想の実現を引き寄せるのです。

引き寄せたいものを考える

人は、足りないものに目を向けがちです。「勉強したいけど、時間がない」「旅行したいけど、お金がない」など。でも、足りないことばかりに目を向けると、その現実のほうに自分を導いてしまいます。引き寄せたいもの、ポジティブなものをイメージし、それを膨らませて、準備をしましょう。小さな一歩でも実際の行動につなげることが、イメージを現実化します。

010

自己受容感

ひとり言を言う

ポジティブなひとり言を言える人ほど打たれ強い

「セルフトーク」テクニック

日常的にポジティブなひとり言を自分に向けている人ほど、困難な出来事や大きな悩みごとがあっても、自分で乗り越えていけることがわかっています。セルフトークのポイントは「自問自答」をすること。たとえば、「新しい仕事できるかな?」「こうすればできるかも」など、疑問を言葉にして自分と語り合うのです。こうすることで、考えが整理でき、不安がとり除かれ、自分を励ますことができますよ。

011

自己決定感

イライラしがちな人はポケットにいつでもガムを入れておく

噛むことにはリラックス効果があります

グミやおせんべいでもOK!

イライラしたり、気もちが不安定になったりしたときは、副交感神経を優位にすると効果的。そのかんたんな方法がガムを噛むこと。ガムをもち歩き、困ったら口のなかにポイッ。ガムを噛むとアゴが動き、ストレスホルモンのコルチゾールが減少。緊張をやわらげてくれる効果があります。ガムが苦手な人は、グミやおせんべいもおすすめです。硬いものを強く噛むことで脳も活性化し、仕事の効率アップにもつながります。

012

自己効力感

毎日1つ小さな新しいことをしてみる

新しいことをすることはメンタルにいい

脳への小さな刺激が自己肯定感を育む

日常で同じ刺激ばかり受けつづけると、脳内でも同じ反応がくり返され、思考力が低下してストレスをため込むことになります。たとえば、いつも使うリップの色を変える、いつも歩く道を変える、新しい店でランチをするなど、毎日、小さなことでいいので、新しいことをしてみましょう。気分転換になるだけでなく、それが刺激となり、喜びやワクワクが脳に伝わり、プラス思考に。

013

自己信頼感

どうしてもやる気が出ないときは「休んじゃえ!」と1日だけサボる

習慣が途切れても復活できる
という成功体験をつくろう

サボるのは1日だけと決めておく

まだやらなければならないこともあるのはわかっているけれど、どうしてもやる気が出ない……そんなときは潔くサクッと休みましょう。

休むのは、エネルギーをためるための切り替えの時間です。自己信頼感が高い人は、自分はこの先もきっとやれるから、いまは休んでおこうと思えるのです。ただしサボるのは、1日だけ。

次の日から元のサイクルに戻れるよう、習慣化にとり組みます。一度、習慣が途切れても復活できた成功体験は、自信につながります。

014

自己受容感

「自分をよく知っている」人ほどオトナな人間

客観視できる人・内省できる人ほど強い

自己肯定感が下がっていると知るだけでもこころはラクになる

大切なのは「自己肯定感が上下動するものだと知ること」、そして「いま、自分の自己肯定感がどういう状態になっているかに気づくこと」です。この2つの視点をもつことで、しなやかでブレないイキイキした自分軸を手に入れることができます。

「普段は気にならない同僚のウワサ話にイライラする」など、いまの自分は自己肯定感が下がっていると知るだけでもこころは楽になります。いいときも悪いときも、自分を客観視することができるのがステキなオトナなのです。

015

自己受容感

「I'm OK, I'm not OK」の考えで生きる

ポジティブな自分もネガティブな自分もありのままに認める

どんな自分にもOKを出せる人が本当に強い人

ありのままの自分は、1つに固定された状態ではありません。人間は多様性に満ちていて、完璧・完全にはなれません。好きな自分、嫌いな自分、いいときの自分、ダメな自分。どんな自分もすべて受け入れて認める、どんな自分も自分らしいと「自分に〇」を出せる人。そんな人は、「大丈夫、必ずなんとかなる」と人生を肯定できる力があります。なにが起きてもしっかりと地に足をつけ、立ち直る回復力をもっています。そんなあなたは、ほかの人への共感力にあふれ、愛される存在になるでしょう。

016

自己信頼感

「わたしは絶対運がいい」とひそかに思い込む

科学的にも証明された運がいい人の習慣です

脳が運のいいことを探しだす

「思い込み」にはそれを現実化する力があります。なぜなら、人間の脳は、鮮明に思い浮かべたイメージと現実を区別できないからです。たとえば、「遅刻しそうだったのにタイミングよく電車に乗れた」など、ささいなことでも「ラッキー！」と思えることがありますよね。「わたしは絶対に運がいい」と思い込むと、あなたにとって運がいいと感じられた場面のイメージが強く印象に残るようになります。すると、脳は運がいいことを探しだします。それが行動につながり、本当に運がよくなっていくのです。

朝
昼
夜
休

017

自尊感情

「嫌われているかどうか」より「やりたいことをやれているか」

「みんなに好かれなくてはいけない」という思い込みから自由になろう

2・6・2の法則とは？

誰かに好かれているか、嫌われているか気にしてしまう人は、その裏側に「みんなに好かれなくてはいけない」という思い込みがあります。

「2・6・2の法則」というものがあります。あなたの知っている人を10割として、あなたのことを好きな人は2割、なんとも思っていない人が6割、あなたのことを嫌いな人が2割と言われています。

なんとも思っていない人が多数なのですから、人に嫌われることを気にするよりも、自分がどう生きていきたいか、やりたいことができているか、「自分」に注目してあげましょう。

018

自尊感情

「許容範囲の器がデカい」オトナを目指す

自分の器を大きくするコツを身につけよう

ネガティブな負の感情を赤いインクだとして、それを水に垂らしたとイメージしましょう。垂らす器が大きければ大きいほど、水の色は変わらないはず。自分の器が大きくなれば、負の感情も「大したことはない」と思えるようになります。

朝
昼
夜
休

不安・恐れ・怒り…ネガティブ感情をとり除く「ポジション・チェンジ」

「ポジション・チェンジ」は負の感情の見方を変えるテクニック。ものの見方が変わり、負の感情が小さくなり、気にしていたことが冷静に見られるようになります。そして、感情をコントロールできる自己肯定感が高い状態が生まれます。

もし、わたしが ＿＿＿＿＿＿＿＿＿＿

の立場だったなら、

＿＿＿＿＿＿＿＿＿＿ と考えて、

＿＿＿＿＿＿＿＿＿＿ する。

書き方の例

もし、わたしが 上司

の立場だったなら、

もっと成長してほしい と考えて、

注意 する。

ポジション・チェンジの書き方のコツ

たとえば、カフェで上司から叱責された場面を思いだし、また叱責されるかもという恐れの感情が湧いてきたとき、身近なものでポジション・チェンジしましょう。

コーヒーカップを上司、スマホをあなたとして、カップの立場からスマホを眺め、上司がなぜあなたを叱責したか考えてみます。近くにあるものを擬人化して自分と相手のポジションをチェンジさせることで状況や相手の立場を冷静にとらえることができる方法です。

019

自己信頼感

「いま」を変えれば、「未来」が変わるので、「過去」はスルーする

原因を考えるのではなく、目的を考える

アドラー心理学をとり入れよう

悩みや不調の原因を考えるよりも、目的にフォーカスすると変化のきっかけをつかむことができます。なぜなら、いまから未来に向けてやるべきことが見えてくるからです。アドラー心理学では、「人が〝なにかをしよう〟と決意するときは、必ず未来に向けての意志が働いている」と考えます。「幸せになる」と決めるのはあなたです。なにがあっても自分の味方は自分。変わるのは「いま」。それが未来を変えていくのです。

020

自尊感情

「いつかやろう」の「いつか」は永遠に「未来」。「いま」やろう

動けない人は「できない」と思い込んでいるのかも

「いつかやろう」と思っていると永遠にできません。小さな一歩でもいい、「いま」やりましょう。自分のポジティブな面もネガティブな面もあるがままに受け止め、「いま、できることをやる」。少しずつでも進んだ自分を認めてあげましょう。

021

自己受容感

「もし○○が起きたら、△△をする」と、あらかじめ決めておく

脳は決めていた図式にしたがう

前もって「このときはこうしよう」と決めておくと、それが脳に影響し、行動を後押ししてくれます。どんな小さなことでも、「できた！」という満足感が得られると、それが成功体験となり、自己肯定感も高まっていきます。

朝
昼
夜
休

いつも不安で心配しがちな人のためのテクニック「if-thenプランニング」

「if-thenプランニング」は、「もしXが起きたら(if)、Yをする(then)」と前もって決めておくことで、状況を客観視し、不安から行動をためらってしまう自分の背中を押すというテクニックです。

if もし ＿＿＿＿＿＿ たら、

then ＿＿＿＿＿＿ する。

例 もし 嫌われてしまうかもと思っ たら、
嫌うのは相手の問題、
わたしの価値は変わらないと考え る。

「if-thenプランニング」のコツ

たとえば、いつもNOと言えずに仕事を引き受けてしまう人が、「頼まれてもムリなら断る」と目標を立てたとします。「if-thenプランニング」では次のようなステップを踏みます。

1. ものごとがうまく運ばなくなりそうな場面をイメージします。たとえば、NOと決めたのに、嫌われたくないから引き受けてしまいそうな自分をイメージします。
2. もし、①の状態になったらどうするかを決めておきます。「わたしはわたし、相手は相手」と考え、その仕事は自分が引き受ける必要はないと自分に認識させます。
3. ②で決めた対処法を「if-thenプランニング」の形にします(上記の囲み参照)。

022

自尊感情

「できる」よりも「できる、できる、できる」

脳はくり返しを優先する性質を利用する

いつでもかんたんにできる！
自己肯定感を一瞬で高める方法

その場ですぐに自己肯定感を高めたいときは、自分を励ましたり、気分を上げたりしてくれる肯定的な言葉をくり返し自分にかけてあげましょう。一瞬で気分が「快」になり、自己肯定感がスーッと高まります。

「大丈夫」じゃなくて「大丈夫、大丈夫、大丈夫」

「大丈夫」という言葉は、とても言いやすいながらも、自己肯定感をサッと上げてくれる魔法の言葉です。

「ツイてる」じゃなくて「ツイてる、ツイてる、ツイてる」

口にするだけで気分が上がる言葉です。テンポよく口にすることができ、一気にポジティブな気もちになれます。

マイナス思考になりそうになったら、アファメーションを

なりたい自分になるための肯定的な宣言のことをアファメーションと言います。「できる、できる、できる」「大丈夫、大丈夫、大丈夫」「ツイてる、ツイてる、ツイてる」などは、まさにアファメーションの効果が高い声かけです。

自分に肯定的なことばをかけてあげることで不思議とテンションが高まり、気もちも切り替わります。同じことばをくり返すことで、より自分に言い聞かせる効果があり、脳はそれを優先的に選択しようとする効果も。

マイナス思考に陥りそうになったり、緊張を強いられるような状況になったときなどに、自分に前向きな声かけをし、ポジティブな気もちで歩みだしましょう。

023

自己信頼感

うまくいって楽しく打ち上げをするところまでイメージする

鮮明に思い描くほど、実現するものです

やりたいことや目標、叶えたいことは、なるべく具体的に明確に、ありありとイメージすることで実現しやすくなります。うまくいったときのうれしい気もち、豊かな気もちまでしっかり味わうのがコツ。

成功するイメージを鮮明にさせる「イメトレ文章完成法」

「イメトレ文章完成法」は、以下の11の定型文を埋めることばを書くだけで、効果的なアファメーションとなり、あなたを行動に移させてくれる強力な方法です。書くことでモチベーションを高めてくれます。

目標	わたしが達成したい目標は[　　　　　　　]です。
メリット	なぜなら、 その目標を達成したら[　　　　　　　]からです。
ブレーキ	しかし、[　　　　　　　]が目標達成をさまたげています。
現状	そのため、わたしはいま[　　　　　　　]の状態に なっています。
新しい方法	そこで、目標を達成するために[　　　　　　　]という 新しい方法を試みるつもりです。
強み	なぜなら、わたしの強みは[　　　　　　　]であり、 それが目標を達成するために役立つと思うからです。
協力者	また、目標を達成するために[　　　　　　　]さんが 協力してくれます。
環境	目標を達成するために[　　　　　　　]という環境が 味方してくれると思います。
ノウハウ	わたしは目標を達成するために[　　　　　　　]という ノウハウをもっています。
やる気	わたしは目標を達成するために[　　　　　　　]という 方法でモチベーションを高めます。
最初の一歩	わたしは目標を達成するために、 まずは[　　　　　　　]からはじめます。

024

自己信頼感

不安になったら空を見上げる

姿勢がよくなってストレスが緩和されます

朝
昼
夜
休

不安ホルモンのコルチゾールが下がって勇気ホルモンのテストステロンが上がる

不安になったり、気もちが沈んだりしているとき、わたしたちは自然と顔が下を向き、背中も丸まってしまうもの。すると気道が押されて狭くなり、呼吸も浅くなってしまいます。そんな状態では緊張が続き、ストレスを感じつづけてしまいます。

そんなときこそ立ち上がり、胸をはって、空を見上げてみましょう。胸をはった姿勢をとると、脳内で不安ホルモンのコルチゾールが下がり、勇気ホルモンといわれるテストステロンが増えることもわかっています。視線が上がれば気道も広がり、呼吸も深くなります。不思議と、空を見上げたままでは、落ち込んだり、人の悪口を言ったりできないものです。

つまり、胸をはって空を見上げるとストレスが緩和され、気もちが前向きになるのです。気もちが沈んでしまってどうしようもないとき、ムリに気もちを明るくしようとしなくても、まずは立ち上がって胸をはり、空を見上げてしまうこと。それだけで自然とやる気が出てきます。

空を見上げると癒やし効果もあり

空を見上げて、「空が青いな」「雲がゆっくり流れていくな」「星がきれいだな」と感じると、心配事や困りごとも少しだけ遠くにいってくれるような気がします。大阪市立大学健康科学イノベーションセンターの研究によると、きれいな空には癒やし効果や、疲れを和らげる効果があるそうです。疲れたとき、リラックスしたいときは、空を見上げましょう。

025

自己有用感

落ちていただれかのゴミを拾ってゴミ箱に捨てる

見えないところで徳を積むと
あなたの幸せも積み上がる

だれかのために役に立つことが自己肯定感を最大限に引き上げてくれます

だれも見ていなくても、ちょっといいことをすると、気もちがいいものです。そして自己肯定感もぐんとアップします。人は自分のためよりも、誰かのために役に立つことに真の喜びを感じるものなのです。

ほかにもこんな徳を積んでみよう

- 外出先でお手洗いが汚れていたら、さっと汚れをきれいにしてからお手洗いを出る。
- 外出先のお手洗いの洗面台が汚れていたり、水びたしだったらサッと拭いておく。
- 自分の家でなくても、玄関の靴が乱れていたら、そろえておく。
- エレベーターから降りる前に１Ｆボタンを押しておく。
- 犬の散歩中に、ほかの犬のフンが落ちていたら拾ってもち帰る。
- 家族や友人・知人の幸せをこころから祈る。

026

自己決定感

「わたしって、イイ人！」と思ってあいさつをする

「返報性の原理」を使って好感度を上げる

あなたが感じよくあいさつをすると まわりも感じよくあいさつをしてくれる

「わたしって、イイ人!」と自分を肯定しながらあいさつをしましょう。すると、「返報性の原理」で、苦手な人や嫌いな人からも同じように感じのいいあいさつが返ってきます。結果、対人関係がよくなって、自己肯定感も高まるのです。

なぜ好感度がアップするの?

基本的に、どんな状況でもあいさつが無視されることはありません。そして、意外にフレンドリーな反応が返ってくるものです。

「おはよう」に「おはよう」が返ってくることで、自分からアクションを起こし、それに対して肯定的なリアクションがあったと感じ、ささやかながらも自己決定感や自己有用感も満たされます。

あなたがキラキラしていると、周囲もキラキラを返してくれるのです。その積み重ねによって自己肯定感が高まり、かかわる相手との緊張感もほぐれていきます。そんなあなたといることで、周囲の人は楽しいと感じます。すると、自然とあなたのまわりに人が集まってくるようになるでしょう。

027

自己受容感

オフィスのデスクまわりに自分の好きな小物を置く

パーソナルスペースの確保もできます

好きなもの・ときめくものに囲まれたら自己肯定感は自然と上がります

仕事場のデスクに、家族の写真、ぬいぐるみや植物など、お気に入りのアイテムを置きましょう。手触りのいいものや香りのいいアイテムもおすすめ。視覚・触覚・嗅覚から心地よい刺激を受け、自己肯定感の回復効果が高まります。

デスクのまわりに好きなものを置くことの効果

目で見て落ち着くもの、クスッと笑えるものなどを置くことで安心感を生み、不安感を遠ざけます。自己肯定感が低下し、仕事や人間関係に行きづまったとき、お気に入りのアイテムが目に入ったり、くしゅくしゅと触って心地よさを感じたり、いい香りをかいだりすることで気もちがほぐれ、本来の自分をとり戻すことができるのです。柔軟性が身につきやすくなるという効果もあります。

また、かわいいものを見ると、やる気や喜びに関する脳の部位が活性化されるという研究も。

緊張状態になりやすく、ストレスを感じやすい仕事場では、お気に入りのアイテムを置くことによって、物理的にも精神的にもパーソナルスペースを確保することができます。

028

自己有用感

「すみません」ではなく「ありがとう！」を口ぐせにする

気もちのいい人間関係をつくるマジックワード

「ありがとう！」は人間関係の潤滑油

「ありがとう」と感謝することが幸福感を高めることは、さまざまな研究で実証されています。感謝は習慣です。「ありがとう」を口ぐせにしましょう。

「ありがとう」は人とのつながり、社会とのつながりを深めるマジックワードでもあります。「ありがとう」が循環することで、やさしさや喜びが人の輪に広がり、気もちのいい関係が続きます。自分だけでなく、まわりの人たちさえも幸せにすることば。そんなことばを発するあなたをだれもが好きになるでしょう。

029

自己信頼感

なかなか行動に移せないときは「完璧主義になってない？」と自分に質問する

堅実なあなたが動けば、まわりも必ず助けてくれる

小さなことから少しずつはじめよう

なかなか行動できず、先送りしてしまうのは、完璧主義者の面が影響しています。自分への期待値が高いのです。でも、裏を返せば、ものごとをていねいに完璧にやり遂げようとするあなたを信頼している人は多いはず。1つのことを熟考し、計画を立てて実行できるあなたが動きだせば、きっとまわりの人がサポートしてくれるはず。自分がこの先、どう生きていきたいかを大切にしつつ、1歩踏みだしてみましょう。

030

自己決定感

なにからはじめればいいかわからないときは「重要か」「緊急か」で仕分ける

できるオトナは段どり上手です

人生で大切なこともわかります

いまやるべきことの順番がわからないときは、これからとり組むことをノートや付せんを使って「緊急」「緊急ではない」「重要」「重要ではない」の視点で仕分けてみましょう。要は、やるべきことを「見える化」するのです。そうすると、「考えてみたら、自分がやらなくてもよかったな」とか、「いまやらなくても大丈夫だな」といったことがわかります。やらなくてもいいことに時間をとられずにすむようになり、やるべきことに集中できるようになります。

じつは、これは人生の長いスパンの決断にも使えます。あなたの人生にとってなにが大切なのかを見つけることもできるのです。

いまいちばん緊急で重要なことがわかる タイムマネジメント

やるべきリストをノートに書きだすか、または付せんに書いて貼り、それを「重要で緊急」「重要だが緊急ではない」「重要ではないが緊急」「重要でも緊急でもない」の4つに振り分けていきましょう。

	緊急	緊急ではない
重要	● すぐやる	● あとで必ずやる
重要ではない	● 時間があればやり、なければ人に任せる	● やらなくていい

書き方の例

	緊急	緊急ではない
重要	● すぐやる ・後輩のミスのフォロー ・取引先からのクレームに対応	● あとで必ずやる ・ミスの原因解明 ・ミスが起きないよう後輩を指導する
重要ではない	● 時間があればやり、なければ人に任せる ・お詫びの手土産を買うor買ってきてもらう	● やらなくていい ・後輩をくどくどと叱りつける

TO DO LIST MEMO

COLUMN 1

夢を叶えるために残された時間

あなたの人生にとって大切なこと、叶えたいことを実現させるためにどのくらいの時間があるのかを知る方法を紹介します。**「夢を叶える時間の法則」**というものです。

1. まず、自分で何歳までにその夢を叶えたいか、年齢を設定します。
2. 次に、①の年齢からいまの自分の年齢を差し引きます。
3. 最後に、②で算出された数字を3で割ります。これが「夢を叶えるための時間」です（3で割る理由は、使える時間は、仕事と睡眠を外せば、3分の1になるためです）。

夢を叶えるために使える時間

（自分が夢を叶えたい年齢 － 自分の年齢）÷ 3

たとえば、会社員のAさんは35歳。彼女には45歳で自分のお店をもちたいという夢があります。その場合、

（ 45 － 35 ）÷ 3 ＝ 約3.3年間

こうして自分の夢のために残された時間を知ることで、毎日を大切に過ごすことができます。人生はだれでも一度きり。今日からぜひ毎日を大切にするために全力を尽くしてみてください。

PART 2

「昼」の自己肯定感アップのコツ

ゆとりをもっててていねいに過ごすために
大切にしたいこと

031

自己決定感

ステキなオトナ女子は感情を放し飼いにしない

一喜一憂して余裕のなさを出してしまわないように

自分の「感情のスイッチ」を知っておこう

わたしたちは基本的に、ポジティブとネガティブを行ったり来たりしています。ずっとポジティブな人などいないのです。ささいなことで一喜一憂をくり返さないように、まず自分がいまどんな感情を抱いているかを客観的に知りましょう。

オートマティック・シンキングを修正するコツ

オートマティック・シンキング（自動思考）は心理学用語で、自分の意志とは無関係にこころを占有してしまう、ネガティブな考えのこと。たとえばなにか失敗すると「自分はダメだ、なんのとりえもない」などと思ってしまいます。

このような思考に陥らないよう、いつでもフラットな状態に戻れるコツをお伝えします。

1. ものごとを大局的にとらえて「ま、いっか」と大らかにかまえると、いい方向に転がります。
2. 「そのやり方、考え方いいね！」と言うことで、相手も自分も肩の力が抜けます。
3. 「なんとかなるよ」と口に出すと、未来の可能性に希望がもてるようになります。

032

自己決定感

なにがあっても「仕事ですから」と考える

どんな状況でも

感情をフラットに保つコツ

自分自身と出来事を切り離して考える

「仕事ですから」――これは、どんなに忙しくても物腰がやわらかく、だれからも「あの人は仕事ができる」と思われている知人がモットーにしていることばでした。いいことが起きても、悪いことが起きても、感情をフラットな状態に戻す魔法のことばです。

「自分自身」と「出来事」を切り離して考えることができるため、冷静に自己認知ができ、いつでも視野を広く保つことができます。

033

自尊感情

仕事の期日を「〆切」ではなく「約束」と解釈する

「お約束の○○をお送りしますね」は
相手のこころも溶かすキラーワード

約束をしたのは自分
約束を守ろうと素直に思えます

ことばは「解釈」で変えられます。たとえば「〆切」と聞くと、期日に迫られ、プレッシャーやストレスを感じる人もいますが、これを「約束」と解釈したらどうでしょう？

約束をしたのはあなた自身。自分が主体になり、不思議と気もちがラクになり、素直に「約束を守ろう」という気もちになれるのではないでしょうか。つまり、「ことば」を変えるだけで、目の前の世界を変えることができるのです。

034

自己効力感

とりあえず2分だけやってみる

先延ばしグセをつけないための
かんたんで小さなステップ

行動を起こすとやる気ホルモンが分泌される「作業興奮」を利用する

　興味のない作業や、乗り気ではない仕事でも、手を動かすうちにやる気や集中力が出てくる現象を「作業興奮」といいます。行動を起こしたことで脳の側《そく》坐《ざ》核《かく》という部位が刺激を受け、やる気に関連するホルモンが分泌されることがわかっています。

　面倒な仕事を片づけたり、サボりたくなるような習慣を持続させたりするテクニックが、「とりあえず2分やってみる」こと。仕事や家事など、「今日はやる気にならないな……」「面倒くさいな」と思うとき、この作業興奮を利用してみましょう。たとえば、

・書類仕事が溜まってしまったとき、「1枚だけ」と決めて伝票を書く。
・ストレッチやヨガの習慣が面倒になったら、とりあえずヨガマットをとりだす。

　このようにとにかく手やからだを動かしはじめるのです。そうしたら「せっかくはじめたんだから続けてみよう」と行動が持続します。「できた！」という自信から自己効力感も高まるでしょう。

手間を20秒短縮する「20秒ルール」もとり入れてみよう

「とりあえず2分」のほかにも、面倒なことをやりやすく、習慣化しやすくするコツがあります。それが「20秒ルール」です。

　たとえば資格取得のための勉強習慣をつけたいとしましょう。仕事を終えて帰宅してから、着替えてテキストを開いて勉強する……この手順を、20秒短縮するのです。

　やり方はかんたん。朝、家を出る前にテキストを机の上に出して、帰宅後に勉強するページを開いておきます。これだけで、勉強をはじめるまでの手間を20秒短縮できます。スタートを切るためのハードルが下がるので、「気づいたらやっていた」状態をつくりやすくなるのです。これがクリアできたら今度は、帰宅後にすぐ着替えて机の前に座るなど、さらに20秒短縮できるように改善していきます。これがルーティンになれば、もうその習慣はあなたのものです。

035

自己効力感

ちょっとおおげさにリアクションしてみる

「相手に興味がある」というサインになります

少しおおげさに「あいづち」を打ち
相手が言った言葉を「オウム返し」する

人間は自分の話をちゃんと聞いてくれる人に好意をもつのです。オウム返しは、相手の言葉をそのままくり返すことを言い、あいづちとともに、共感を示す効果があります。ただし、どちらもやりすぎると逆効果になるので注意しましょう。

コミュニケーションが円滑に進む会話のコツ

わたしたちは安心を感じて、承認欲求を満たしてくれる相手にはこころをゆるす性質があります。そして、こころをゆるした相手の役に立ちたいと思う「返報性の原理」があります。コミュニケーションでも、ちょっとおおげさにリアクションすることであなたのファンを増やすことができます。難しいことではありません。

たとえば、いつもよりゆっくりしたトーンで少し高い声を意識して「すごいですね」「そうなんですね」「よかったですね」「大変でしたね」など、共感のあいづちを打ちましょう。

また、話を聞くときは、少し前のめりになって聞きます。そうすることで「わたしはあなた（の話）に興味があります」というサインにもなり、コミュニケーション力もアップし、相手の承認欲求を満たし、仲を深めることもできるのです。

036

自己信頼感

「○○さんがあなたのことほめてたよ」と伝える

人間関係がよくなるウィンザー効果を使う

第三者からほめられると喜びが増す

「取引先の部長が、あなたのことを『仕事がていねいで信頼できる』とほめていたよ」「わたしの友だちが、あなたのこと『感じがいい人だね』って言ってたよ」

直接ほめられるよりも、第三者がほめていたという伝聞のほうがさらに信憑性《しんぴょうせい》が増し、喜びもアップします。この心理を「ウィンザー効果」と言います。普段の人間関係でも積極的に使ってみましょう。きっと言われた相手も、あなたのいいところに注目し、それを伝えてくれるはず。ほめる視点のコミュニケーションが増え、ポジティブな人間関係を築いていけるでしょう。

037

自己受容感

相手がもっているものを身につけているものをほめる

これならハラスメントにもならない

「ステキなバッグですね」「そのお洋服、すごくきれいな色ですね」

最近は、「むやみにほめるとセクハラになるのでは？」とためらう人もいるかもしれません。たしかに、「美人だね」「スタイルいいね」といった容姿をほめることは注意が必要ですが、もちものならハラスメントにはなりにくいものです。

もちものはその人の価値観を表すもの。それをほめられて、嫌な気もちになる人はほぼいません。また、ほめるのが苦手な人も、もちものならほめやすいはず。「いいね！」と思ったら、ためらわずに素直に口に出してみましょう。

「もちものをほめられる＝価値観が認められた」と感じてくれます

038

自己受容感

「どうするつもり？」ではなく「なんとかなるよ！」と言ってあげる

自己肯定感が高まる言い方で伝えよう

ことばには、自分のこころの状態が表れます。否定的な言い方よりも「こっちをやろう」「こうすればもっとよくなる」など、前向きで肯定的な言い方をしたほうが自己肯定感が高まり、行動を起こしやすくなります。

相手のやる気と自己肯定感を高める言いかえ方

「こぼさないでね」
ではなく
「しっかりもってね」

「こぼさないでね」は失敗のイメージを思い描かせる否定語なので、やってほしいことを伝えます。

「忘れものない？」
ではなく
「ぜんぶもった？」

忘れものを想起させる声かけより、肯定語の「もった？」の声かけのほうが、望ましい行動を起こしやすくなります。

「遅れないでね」
ではなく
「間に合うように来てね」

遅刻してほしくないなら、相手にしてほしい行動を肯定語で伝えたほうが、相手が行動しやすくなります。

「緊張しないように」
ではなく
「いつもどおりでいいよ」

「いつもどおり」の声かけで、安心でき、本来の力を発揮できるようになります。

039

自己受容感

「なんで協力してくれないの？」と責めるのではなく「～してくれるとうれしいな」とお願いする

相手が自然に動いてくれるような伝え方をしよう

「リフレーミング」とは？

失敗や不安、恐れを喚起させるネガティブな言葉を、成功をイメージさせたり、ありのままを伝えたりするポジティブな言葉に置きかえることを「リフレーミング」と言います。普段の声かけに、ぜひ意識してみましょう。

こんな「リフレーミング」で相手に気もちよく動いてもらおう

「つまんないよね」
ではなく
「これから
おもしろく
なるかも」

「つまらない」より「これからおもしろくなるかも」と口に出してみると、不思議とおもしろく感じてきます。

「失敗できないから
慎重に」ではなく
「成功するために
じっくりと」

「失敗」というワードではなく「成功」と口にすると、そのためにできることを脳が探しはじめます。

「ここでムリして
がんばってもね…」
ではなく
「いつもの調子で
続けよう」

「いつもの調子で」と言われることで、ムリにがんばらなくても普段どおりの力を発揮できるようになります。

「締め切りに
間に合わないなら
やめちゃおう」
ではなく
「間に合う方法を
考えよう」

締め切りに対して、「こうすればなんとかなる」と、間に合うようにする行動を起こしやすくなります。

040

自己受容感

「できない…」「もうムリ…」と言ってしまったら、そのあとに「かもしれない」とつけ足す

否定語に「かもしれない」とつけ足すことで再解釈の余地が生まれます

ついふきこぼれそうになる否定語に「かもしれない」でフタをする

ネガティブな負の感情に「かもしれない」とつけ加えることで、負の感情と距離がとれるようになり、それが単なることばにすぎないことに気がつきます。これで負の思考に陥りにくくなり、客観的になることができるのです。

心理療法の現場で使われる「脱フュージョン」テクニック

「脱フュージョン」とは、心理療法の現場で使われる不安を遠ざける方法。「フュージョン」は「融合、混ざり合う」という意味。そこに「脱」がついているので、混ざり合った自分の感情から、負の感情を切り離す効果があることを意味します。

たとえば仕事で失敗して「自分はダメだ」と落ち込んでいるとします。負の感情をそのままにしていると、どんどん悪いほうに考えてしまいます。そのときに試したいのが「脱フュージョン」。まず「自分はダメだ」と小さな声で口に出し、頭のなかでくり返したあと、「……と思った」、さらに「……と思ったことに気づいている」とつけ加えます。これを、歩きながら、料理やそうじをしながら行ってもいいでしょう。

041

自己受容感

「そういう意見もありますね」でやんわり相手に異を唱える

意見が違っても「そのやり方もいいね！」で好かれる

朝
昼
夜
休

口下手で強い意見に流されてしまいがちな人も使えるテクニック

「他人を変えることはできません。でも自分と未来は変えることができます」

これは、アドラー心理学の創始者アルフレッド・アドラーのことばです。

相手と意見が違うなと思ったとき、ぜひこのことばを思いだしてみてください。

主張が強い人の意見に振り回されてしまったり、言い負かされたりして、目分の言いたいことが言えず、ストレスをためてしまう――そのような人と戦うのは、もったいない時間の使い方です。

そんなときには、「そういう意見もありますね」と言葉に出し、相手の意見をいったん受け止めてしまうこと。意見が違う相手も、一度承認されたことでこころに余裕が生まれます。でもじつはこの言葉、相手を嫌な気もちにさせないで、「自分は違う意見です」ということを伝えていることと同じなのです。また、口にした自分も、「そのやり方もいいね」という角度から、相手の意見を見つめ直すことができます。

こうしてお互いが相手のいいところを見ることで、それぞれの自己受容感が満たされ、前向きな人間関係を構築することができます。

口下手でOK！聞き上手になるが勝ち

「言いたいことが言えない口下手」なあなたは、言いかえると「聞き上手」な人です。主張が強い人がまわりにいたら、それはあなたの「聞き上手」なスキルを伸ばし、「スルー力」を高めるチャンスでもあります。相手の意見に流されるのではなく、心のなかで口笛を吹くくらいの軽さで、いい意味で「聞き流す」のです。人生は次から次へといろいろなことが起こります。あまり真面目になりすぎないこと。これもストレスを軽減する、大切なコツです。

口下手なことを欠点だと思っている人は多いかもしれませんが、裏を返せば、あなたが「聞くことができる人」である証拠です。ぜひその力を強みにしましょう。

そのうえで、自分の意見を伝えたくなったら、いったん受け止めたうえで時間をおいて「こういうふうにしたい」と伝えてもいいでしょう。

042

自己有用感

怒りが湧いたらとりあえず6秒だけ数えてみる

6秒待てば理性的な脳が働いてくれます

4〜6秒で前頭葉が働きだす

怒りの感情が起こったら、まずは6秒だけ待ってみましょう。怒りを理性的に抑える前頭葉が働きだすのに4〜6秒かかるため、このタイムラグをやりすごせば、理性的に判断できるのです。

怒りにとらわれている状態と比べて、怒りの感情をゆるし、手放したあとは、ストレス症状が改善し、こころとからだの健康レベルが高まることもわかっています。ストレスをコントロールできると、そんな自分に対する自己肯定感が確実に高くなります。

朝
昼
夜
休

043

自尊感情

あなたを追いつめる人もじつは追いつめられている

ハラスメントをする人はたいてい不幸です

まずは自分のことを冷静に見てみよう

あなたを逃げられないように追いつめている人も、じつはどこかで追いつめられているということはよくあります。自分を守るため、自己愛の欲求を満たすために、自分の権威を示そうとモラルハラスメントを行うことも多いのです。

まずは自分を客観的に見つめ、自分の人生にとって本当に正しい判断ができているのかを見極めましょう。そのうえで、つき合い方を変えて関係を続けるもよし、堂々と逃げるもよし。

あなたの人生です。あなたのまわりには、信じられない人もいるかもしれませんが、必ず信頼できる人、自分に愛情を注いでくれる人もいるはずです。自分の身は自分で守りましょう。

044

自己受容感

後輩女子には気くばりしつつサラリとつき合う

やさしい先輩をムリに演じなくてもOK

なにかあったときに「うんうん」と話を聞く側にまわって、相手の自己肯定感を高めてあげよう

後輩女子にイタイ先輩と思われたくない、嫌われたくない、などと考えて、ムリに話題を合わせたり、気を使いすぎたりする必要はありません。後輩の話を聞いてあげる側にまわるのがコツ。聞いてもらったほうの自己肯定感が高まります。

いつもは聞く側、「言うべきことはビシッと言う」でOK

一生懸命かかわろうとして疲れてしまっていませんか。後輩の話を聞いてあげることは大切ですが、基本的にはビジネスの場では、仕事にかかわる話をメインにして、サラリとつき合えばOK。その流れでプライベートの話になったら流れに任せます。

普段は聞き役にまわり、後輩の話を受け止めて承認してあげてほしいのですが、いつでもやさしくしてあげればいいというわけではありません。

後輩とはあくまでも仕事場での関係です。仕事において、言うべきことや指示すべきことは、先輩としてビシッと言いましょう。どんなときでもやさしくお世話をしてあげることがいいわけではないのです。そんなメリハリのあるあなたを、後輩女子はきっと信頼してくれるでしょう。

045

自己信頼感

ほめられたら「いいえ…」ではなく「ありがとうございます！」

いいことを遠慮なく受けとろう

自信と感謝を同時にもとう

ほめられたとき、謙遜してつい「いえ、そんなことありません」なんて言っていませんか。相手からのほめことばは、「ありがとうございます！」と素直に感謝して受けとりましょう。いいことを素直に受け止められる人は、前向きで明るい側面に目を向ける習慣が身についています。「ありがとう」という感謝のことばを発すると、脳にとってもよい作用を及ぼし、自己肯定感も高まります。

朝
昼
夜
休

046

自己効力感

「ベテラン」と言われてムカつくのではなく「ベテランですから」と胸をはる

年齢をミルフィーユのように重ねればうまみが増します

ムカついてしまうのは、自己肯定感が下がっているサインかも。ベテランと言ってもらえることは、いままで積み重ねてきたあなたの経験のたまもの。とても誇らしいことです。感謝しつつ、あなたの経験を生かしていきましょう。

047

自己決定感

オトナ女子のステキな雑談のきほんは「ほめ合う」「共有する」「情報交換」

グチばかりで疲れる女子会とはサヨナラしよう

雑談は楽しい、タメになる…ポジティブなもの こころをすり減らす雑談は雑談じゃない

雑談は本来、とても楽しいもの。推し活など自分が好きなものの話をしたり、相手をほめたり、喜びを分かちあったりする雑談ならおおいにしましょう。お互いにテンションが上がる話ができるといいですね。

どうしても抜けだせないなら ほかに楽しいコミュニティを見つけよう

悪口やグチ、人のウワサ話など、話していて気もちのよくない話はNG。集まるとネガティブな話題で盛り上がるつながりからは、静かにフェイドアウトするか、どうしても抜けだせないなら、ほかに楽しいコミュニティを見つけてこころのバランスをとりましょう。

ほめられて嫌な気もちがする人はいません。ほめるのが苦手な人は、相手が身につけているものやもちものなどをほめてみましょう。

お互いをほめ合うこと以外にも、おいしかった食べもののこと、ペットのこと、旅行の話など、その場にいるみんなが明るくなったり、ほっこりしたりする話がおすすめ。また、健康や美容の情報交換など、いい話はどんどんシェアしましょう。みんなが笑顔になる話をサラリとできてこそ、オトナ女子。ムリして知的な会話やおしゃれな会話をする必要はないのです。

048

自尊感情

マウントをとりにくる人は「かわいそうな人」だと思ってあげる

マウントをとるのは自己肯定感が下がっているから

他人と比べることでしか自分の価値を見いだせない生きづらさを抱えた人たち

意図的であれ無意識であれ、マウントをとりにくる人は、残念ながら自己肯定感が低い状態です。なぜなら、「わたしはあなたより優《まさ》っている」という、他人と比べることでしか、自分のことを評価できない人だからです。

マウントを真に受けて、同じ土俵に上がって戦う必要はありません。マウントをとりにくる人のほうも生きづらさを抱えているので、かわいそうな部分もあります。ただ、あなたが不快に思うようなら、良好なコミュニケーションをとりつつも、こころのなかで「さようなら」をしましょう。

ちゃんと自分らしく生きていれば、マウントをとる必要はないですし、いっしょに過ごす時間を楽しいものにしたいと思うはず。人と自分を比べて優越感を覚えたり、上下関係をつくって安心したり、勝った負けたとジャッジしたり……そんなことをしているほど、あなたの人生は暇ではありません。それよりも楽しいこと、こころが温かくなること、やりたいことに時間を割きましょう。

マウントにイラつかないコツ

- 年齢マウントしてくる年下には「自分の未来が不安なのね」とやさしい目で見てあげる。
- 「もういい歳なのに」と言ってくる同世代・年上さんには「自分の年齢を気にしてるのね」とやさしい目で見てあげる。
- マウントにイラつくのは、あなたの自己肯定感が下がっているから。自分をもっと甘やかして癒やしてあげよう。

049

自己信頼感

「パンッ！」と手をたたく

思考のぐるぐるから一瞬で「いま、ここ」に切り替える

「パンッ！」と区切りをつける

人は、区切りがないとだらだらと続けてしまう生きものです。たとえば、過去のくやしい思いや未来への不安、妄想が頭のなかを渦巻いて、なかなか抜けられない。そんなときは、気もちよく「パンッ！」と手をたたいてみましょう。一気に「いま、ここ」に戻ることができ、思考が切り替わります。そしてその瞬間から、自分が望む、ステキなストーリーがはじまっていくのです。

朝
昼
夜
休

050

自己有用感

ペンを「グッ」とにぎって「パッ」とはなす

嫌な感情といっしょに手放すイメージで

こころをパッと切り替える「ペンワーク」のやり方

怒りや不安を解消し、こころを切り替えるテクニックです。

1. ギュッとペンをにぎりしめ、ムカついた出来事を思い浮かべます。
2. イライラッとしたところで、パッとペンをはなし、机の上に転がします。
3. あら、不思議。こころがスッキリします。

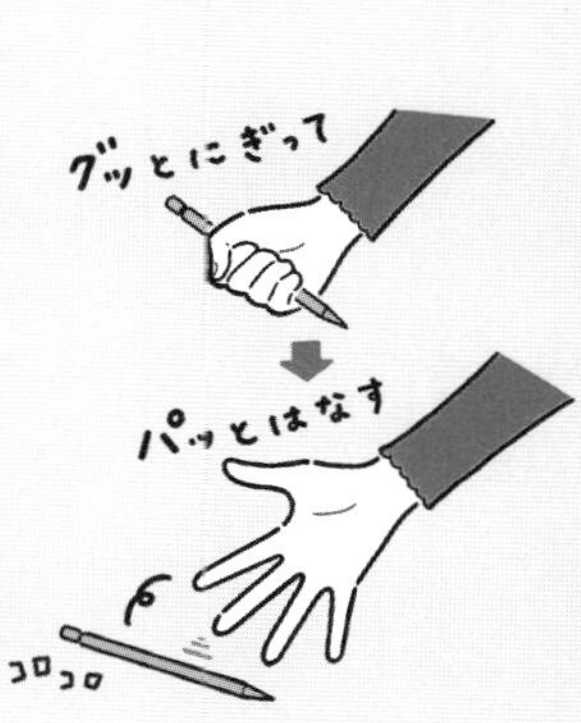

グッとにぎって
パッとはなす
コロコロ

051

自己決定感

ものごとに煮つまったら10分だけぶらぶらしてくる

からだを動かせば気もちが切り替わる

日ごろから歩く人のほうが思考力がアップする

やる気が出ないときや落ち込んだとき、散歩はとても効果的です。歩くと、幸せホルモンと言われるセロトニンが脳から分泌され、不安な感情が減り、気もちも安定します。

スタンフォード大学の研究では、日ごろからよく歩く人のほうが、思考力がアップすることがわかっています。なんとなく外を歩いているだけで、考えがまとまったり、アイデアが湧いたり、ひらめいたりすることは、よくあることです。

通勤や通学をしている人は、帰宅時に最寄り駅のひと駅前で降りて歩くのもおすすめです。あるいは、朝「今日は気分がのらないな」という日は、30分ほど早く家を出て歩きましょう。見慣れた風景から離れただけで気もちもリフレッシュします。

少し歩くことを習慣化するだけで、「なんとかなるさ」「これから楽しいことが起こりそう」など、前向きな発想が生まれやすくなります。

からだをぶらぶらさせるだけでも効果あり

ぶらぶら、ぐるぐるすると筋肉がほぐれ、副交感神経が優位になってリラックスできます。

1 足を肩幅に開き、両手を脱力させ、ゆっくり深く呼吸しながら20秒間、からだを左右にぶらぶら倒します。

2 同様に呼吸しながら20秒間、上体を左回し、右回しとぐるぐる回します。

052

自己決定感

どうしても決められないなら
サイコロで決める

サイコロで決めようと思った瞬間、決められるかも

サイコロで決めても「自分で決めた！」ことに自分で決めたら、幸福度は高くなる

こっちがいいか、あっちがいいか、なかなか決められないときは、サイコロで決めてしまいましょう。なかなか決められないのは、どちらでもいい、ということかもしれないからです。サイコロで決めようと思った瞬間、本音がわかることも。

どんな手段でも「自分で決めた！」ということが大事

人間の感じる幸福度は、「わたしが自分で決めた！」という、人生をコントロールできている感覚に比例することがわかっています。自分自身が成長していると実感できる方向に人生をコントロールできているとき、わたしたちはもっとも幸せを感じるのです。このコントロールできている感覚と自己決定感は深いかかわりがあります。自分で主体的に決めたという感覚を意味する自己決定感が十分に得られていると、モチベーションが高い状態をキープでき、実行力がさらに高まるのです。

それでも、迷いに迷ってしまうことはありますよね。とことん迷ったすえに決められないときの最後の手段が、サイコロでもOK！ サイコロで決めたとしても、「自分で決めた！」という感覚があれば、清々しい気もちで進めることができるのです。

053

自己有用感

温かい飲みものを飲みながら話し合う

どんな話し合いもスムーズに進みます

温かいものに触れると人のこころと行動も温かくなる

ホッとひと息つきたいとき、温かい飲みものを飲みたくなりますよね。温かいものは、癒やしやリラックス効果があります。実際に温かいものに触れていると人の印象がよくなるという研究も。ぜひこの効果を日常にとり入れましょう。

温かい飲みもので印象がよくなる理由

コロラド大学とイェール大学の研究者が行った実験があります。被験者に入口でアイスコーヒーかホットコーヒーのどちらかをもってもらい、架空の人物Aさんについて、人物評価をしてもらうという実験です。

結果、ホットコーヒーをもっていた人はAさんを「やさしい人」「配慮がある人」など好意的な評価をしたのです。じつは人のこころと行動は、温度に影響され、温かいと温かく、冷たいと冷たくなるのです。

別の実験でも、温かい飲みものに触れているとき、コミュニケーション力や考える力などを向上させる前頭前野が活性化することがわかっています。つまり、温かい飲みものを飲みながら話をすると、お互いの印象がよくなり、コミュニケーションも活発になり、温かい雰囲気になるのです。

054

自己受容感

どうしても「NO」と言えないときは「少し考えさせてください」

頼んだ人は断られてもそこまで困らないものです

朝
昼
夜
休

あなたが断って、ほかの人に任せることは人を育てることにもつながります

忙しくても、やりたくなくても、頼まれたら断れない——。とくに自己肯定感が下がっているとき、周囲の人から評価を得たい、嫌われたくない気もちが高まるため、ますます断れない人になってしまいます。

でも頼まれごとを断ったくらいで人間関係は壊れません。あなたのように相手の立場になって考えられる人は、日ごろからていねいに仕事をして信頼関係を積み重ねているはずだからです。まずは頼まれるのはあなたの個性であり、大切にすべきもので、ネガティブにとらえる必要はないということを認識してくださいね。

さて、断るポイントですが、それは「自己開示」をすること。自己開示とは、ありのままの自分を示すこと。不完全な自分も含めて、素の自分に正直でいることです。じつは心理学的には、自分をさらけだせばだすほど、相手はあなたに親近感を覚え、信頼してくれるようになる傾向があります。

あなたは、あなただけにしかできないことをやればいいのです。ほかの人にもできることは「ムリ」とお断りして、周囲の人の才能を生かす。それが、人を育てることにもつながります。抱え込みすぎないことは、あなたのためでもあり、相手のためにもなるのです。

「NO」と言えない人のための上手な断り方の例

- 頼ってくれてありがとうございます。でもいまはほかの案件で時間がないんです……すみません！
- お力になりたいのはやまやまですが、どうしても注力しなければならない案件がありまして……またお声がけください！
- いつもお手伝いさせていただいたのですが、じつはそのぶんいつも自分の仕事が遅れてしまっていて……。
- ◯◯があっていまは手が離せないので、それが終わってからでもいいですか？
- ムリなときは「ムリです」と伝えてもいいですか？

055

自己受容感

ついイラついて怒ってしまう人は「また怒っちゃった…」の反省のひとり言をつけ足す

「怒りたくもないのに怒っちゃった」ことが伝わります

「あ、言いすぎた」「また怒っちゃった」。感情をあらわにしたあと、後悔することがあります。相手に素直に謝れないときは、「また怒っちゃった」とひとり言をつけ足して。反省していることをさりげなく示すことができます。

056

自己信頼感

10秒間目を隠してうつむき少し腰を曲げる

リラックスし穏やかな気もちになれる

かんたん瞑想

気もちを落ち着けたいときにおすすめの「10秒瞑想」

リラックスしたいとき、気もちを落ち着けたいときにおすすめの瞑想です。眉毛の真ん中あたりにある「魚腰《ぎょよう》」と、眉頭のくぼんだ部分にある「攅竹《さんちく》」のツボを押すと心拍数が下がります。首と腰を曲げることで仙骨が刺激され、副交感神経が優位になってリラックス。目を隠して視覚を休ませることにもなり、脳が小休止できる、即効性のある方法です。

やり方はかんたん。指で眉のツボを押さえながら手のひらで目を隠し、首と腰を曲げて顔を下に向け、10秒間瞑想します。

057

自己受容感

人の意見が気になるのは人の意見をとり入れる柔軟さがあるから

けれども最後は自分で決めてあげよう

あなたは「ケセラセラ」で生きられる人

なにかを決めるとき、つい人の意見が気になってしまう人は、「自分で決められない」ことを責めてしまいがち。でもあなたは、人の意見に耳を傾け、慎重に計画して納得したうえで行動できる人。

また、他者の視点をとり入れられる柔軟さがあり、多面的に考えられるので、失敗の確率を下げられるというメリットもあるのです。ケセラセラ（なるようになる）で生きましょう。

朝
昼
夜
休

058

自己信頼感

人に甘えたり、頼ったりできないのは、実力があってこれまでできてきたってこと

小さなことからお願いして
もっとラクになろう

人は頼られるとうれしいもの だから遠慮なく頼ってみて

相手の状況や立場に配慮して、人に頼ったり甘えたりするのが苦手。結果、自力でがんばって疲れてしまう。そんなあなたは、責任感があり、まわりの人にとっては頼れる人、甘えられる人です。あなたは実力がある人。だから多くの人が救われてきたのです。明日から、少しずつ人に頼り、甘えていきましょう。いままでまわりに与えていたものが、感謝となって返ってくるはずです。

059

自己信頼感

「応援してるね！」ということばに出す

応援された側はうれしいし、

応援することであなたの自信も深まります

「自分もだれかの力になれる」と再認識できる

同僚や友だち、家族などあなたのまわりに応援したいと思える人がいたら、その気もちを素直にことばに出して伝えてあげましょう。応援された側がうれしいのはもちろん、応援することで、じつはあなたの自信も深まっていくのです。それは応援された相手の笑顔や、そのあとの行動を目にすることで、「自分もだれかの力になれる」と再認識できるためです。〝応援することができる〟自分に対して、自己信頼感がアップするのです。

060

自己有用感

お花を買って だれかに プレゼントする

お花を届けることは幸せを届けること

お花が人を笑顔にさせる理由

花をもらうと、不思議と気分が上がり、思わず笑顔になってしまいますね。これには根拠もあります。アメリカの大学が女性への贈りものをしたあとの表情を分析した研究結果があります。「キャンドル」「かご入りのフルーツ」「花束」のうち、花束を受けとった全員が、笑顔になったそうです。

お花は人を笑顔にさせるプレゼント。贈ったほうも、贈られたほうも幸福度がアップするのです。

061

自己決定感

誘いを断るときは「誘ってくれてありがとう」のひと言をセットで

相手の気を悪くしない断り方

感じのいい「誘いの断り方」2パターン

オトナ女子ともなれば、お誘いも多くなりがち。でも、健康面や仕事の都合で、優先順位をつけなければならないことも。大前提として、「断ることは悪いことではない」と知っておきましょう。そのうえで、感じのいい断り方をしましょう。

もう誘ってほしくない場合

その日はちょっと予定がありまして…
ごめんなさい。
でも誘っていただいてうれしかったです！

また誘ってほしい場合

お誘いいただきまして
ありがとうございます。
その日はちょっと予定がありまして…
またぜひ誘ってください！

062

自己受容感

いい香りをかいで「いま」に集中する

不安・恐怖から抜けだすちょっとしたコツ

思考のぐるぐる・モヤモヤ・ビクビク・ザワザワから一瞬で「いま、ここ」に切り替える

大事な打ち合わせやプレゼンがあるとき、緊張せずにありのままの自分で臨みたいときは、好きな香りをかぐと安心します。好きな香りに集中することが「いま」に意識をとどめる手助けになり、気分を快の状態に変えてくれます。

こんなときはこんな香りをかいでみよう

香りにはリラックス効果があり、自律神経を整えてくれます。自分の好きな香りを中心にアロマの効果を組み合わせながら活用してみましょう。好きな香りで満たされると、その後の重要な時間もリフレッシュした気もちで臨めます。

- 人間関係のイライラがあるときはオレンジのアロマがおすすめ。オレンジの香りにはリラックスしてエネルギーの循環をうながす効果があります。
- 風邪のひきはじめなど体調がくずれそうなときは、ペパーミントのアロマを。呼吸を楽にしてくれるだけでなく、殺菌効果もあります。
- 不安が強いときにはラベンダーのアロマ。副交感神経の働きを活発にし、リラックスさせてくれる効果があります。

063

自己効力感

つらくなったら呼吸に意識を向ける

呼吸に目を向けたら自分をとり戻せます

「30秒マインドフルネス呼吸法」

1 丹田に意識を集中させる

両足をそろえて立ち丹田《たんでん》(おへその下10センチ程のところ)に意識を集中させます。

2 ゆっくり鼻から息を吸い、口から息を吐く

足元から地球のエネルギーをとり入れ、頭上まで抜けていくイメージで息を吸い、みんなの幸福を願いながら吐き切ります。

3 頭からエネルギーを得るイメージをもつ

日中なら太陽、夜なら北極星の光のエネルギーが眉間の奥の松果体《しょうかたい》に入るイメージで鼻から息を吸い、口からゆっくり吐きます。

呼吸に集中したら、余計な思考や感情に惑わされなくなる

人は不安になると、呼吸が浅くなったり、しづらくなったりするもの。十分に酸素がとり込めなくなると、脳にも酸素が回らなくなり、ネガティブな思いがより強まってしまいます。そこで、つらくなったらフーッと深呼吸。

呼吸に集中すると、1点にフォーカスすることになるため、余計な思考や感情に惑わされることがなくなります。そして自分をとり戻すことができるのです。時間に余裕があるときは、ゆっくり呼吸をくり返しましょう。好きな香りがただよう空間で深呼吸をくり返すと、より一層穏やかな気もちになれます。

忙しくて時間がないときは、目を閉じて、ほんの数秒、ていねいに呼吸をしてみましょう。呼吸をすると、気もちが落ち着くだけでなく、慌ただしくソワソワしたこころの状態もリセットされます。心地いい集中力も生まれるので、その後の作業もスムーズにできるようになるでしょう。

マインドフルネスな時間をもって「いま、ここ」の自分に集中する

右ページの呼吸法・瞑想法は、タオの思想が入っています。タオでは、人間そのものが宇宙に生かされている1つの小宇宙であり、体内の小宇宙を調和させ、ナチュラルに生きることがもっとも幸せで快適な生き方であるとします。

瞑想などにより「いま、ここ」に集中できている満たされた状態がマインドフルネスです。実際、アメリカの心理学者らの研究によって、瞑想には「集中力アップ」「ストレス低下」「認知機能の向上」「感情コントロール機能の改善」「うつ・不安感の緩和」といった科学的効果があることが証明されています。

わたしたちの生活は、目覚めてから眠るまで膨大な情報にさらされています。情報処理になう脳の疲労ははかりしれません。ですからぜひ、「いま、ここ」に集中し、脳を快適にさせる瞑想をとり入れてみてください。

064

自尊感情

嫌いな人、苦手な人をよく見てみて。自分と似ているのかも

自分のどんなセンサーに
引っかかったのか考えてみよう

自分を知るためのよいチャンス

嫌いな人や苦手な人は、自分のセンサーが反応したということ。まるで鏡のように、相手に自分の姿を重ね合わせ、自分の嫌な部分を見ているような気もちになるのです。

つまり、自分が「変えたい」と思っている部分を、相手ももっているということなのです。苦手な人は、あなたに「ここを変えたほうがいいよ」と教えてくれる大事な存在。変えたい部分を探すような気もちで、相手を通して自分を観察してみましょう。

065

自己信頼感

「この人といっしょにいるときの自分、あまり好きじゃない」という人とはなるべくつき合わない

そもそもムリしてつき合っているのかも

素の自分でいられる人を探そう

「この人の前では素直に話せる」「この人といっしょにいるとこころからリラックスできる」。そんな人はきっと、ものごとのポジティブな面を見ることができる人。

いっしょにいると、嫌な気分になる人とムリしてつき合うよりも、ありのままの自分でいられる人とつき合いましょう。それが、結果としてあなたの自己肯定感をアップさせてくれるのです。

そしてあなた自身も、だれかから「いっしょにいるとリラックスできる人」と思われるようになれるといいですね。

066

自尊感情

「すごいね」「いいね」「よかったね」を求めない

「認めてもらいたい」気もちが強くなったら

自己肯定感が低くなっているサイン

「クレクレ星人」にならないために

人からよく思われたいという承認欲求が大きくなっているときは、自己肯定感が低くなっているサインです。

たとえば自慢話やのろけ話ばかりする人のなかには、そうしないと自尊感情を保てないという人もいます。自分に本当の自信があり自己肯定感が高ければ、相手になにも求めません。なぜなら自分に起きたいいことは、自分の力だけでなく周囲の支えがあったからと、感謝の気もちをもっているからです。

認めてもらいたいと思っている自分に気づいたら、自分への愛が足りない証拠。「いいね」は相手に求めず、ぜひ自分で自分に声をかけてあげてくださいね。

067

自己有用感

「自分のためにがんばる」より「だれかのためにがんばる」ほうが力が出る

人は人の役に立つことで幸福になれる生きものです

「わたしはここにいてもいい」と思えるようになる

人から「ありがとう」と感謝されたとき、こころがふわっと温かくなります。人がこころから喜べるのは、誰かの役に立てている実感をもてたときなのです。その実感はそのまま「わたしは、ここにいてもいいんだ」という安心感や帰属感にもつながります。

わたしたちは「自分のため」にがんばるよりも、「だれかのため」にがんばるときのほうが、より力を発揮できます。

どんな小さなことでもOKです。「ありがとう」と言われる行動をすることが、あなた自身を幸せにしてくれるのです。

COLUMN 2

自分の「色眼鏡」の外し方

人間関係でぎくしゃくすることは人生につきものです。けれども必要のない衝突は避けたいもの。じつは人それぞれがもつその人独自の「色眼鏡」を知ることで、人間関係の悩みの多くは解決できてしまいます。

どうすれば自分の「色眼鏡」を知ることができるでしょうか。

アドラー心理学では、「色眼鏡」のことを「認知バイアス」と言い、そのなかには「5つの基本的誤り」があると言われています。

5つの基本的誤り

1. **決めつけ** ―― 「わたしってダメ人間」etc.
2. **誇張** ―― 「みんなわたしのこと嫌い」（みんな・いつも・すべて・絶対etc.）
3. **見落とし** ―― 自分の味方もいるはずなのに気づけないetc.
4. **過度の一般化** ―― 一部で失敗しただけで、全人格を否定するetc.
5. **誤った価値観** ―― 「生きていてもしかたない」etc.

自分はどんなものの見方をしているのか、どんな色眼鏡で相手を見ているのかを客観的に知ることが大事です。自分を知ると、相手のものの見方との違いを理解することができるようになります。

こうしてお互いの違いを認めることができれば、違うのでしかたないと思え、ムダな人間関係の悩みは消えていくのです。

PART 3

「夜」の自己肯定感アップのコツ

1日の疲れを癒やし、明日に
そなえるために大切にしたいこと

068

自己信頼感

「疲れた…」ではなく「よくがんばった！」

自己肯定感を高める言い方のコツ

脳がものごとのポジティブな面を探しだす

自己肯定感を高めるには、発することばを変えるのが手っとり早い方法。その1つが、「リフレーミング」です。

リフレーミングとは、ネガティブなことばをポジティブなことばに置きかえる方法です。日ごろからポジティブワードを意識することで、脳はものごとの肯定的な面を見つけようとするようになります。

不思議なもので、ことばを変えるだけなのに、いつしかそのことばを発する自分自身の自己肯定感もアップしているのです。

否定語を肯定語に変える「リフレーミング」を習慣づけよう！

ネガティブワードが浮かんだら、意識的に肯定的なポジティブワードに変えてみましょう。たとえば「ねば」「べき」と言いそうになったら、「こうなってほしい」「こうしたい」と言ってみる。口に出すことで、必ず行動も変わっていきます。

日常生活で使えるリフレーミング例

◆**「どうせダメ」→「きっとうまくいく」「なんとかなる」**

「ダメ」と口に出すと、脳はダメになる理由ばかり探そうとしてしまいます。「うまくいく」「なんとかなる」と言って、脳がうまくいくための情報集めをするよううながしましょう。

◆**「運が悪い」→「運がいい」**

「運がいい」と思えば、運がいいことが引き寄せられるのは、科学的にも証明済みです。

◆**「ゆるせない」→「ゆるしちゃおう」**

「ゆるせない」ことを頭のなかで継続させるよりも、「ゆるしちゃおう」とひと区切りつけて、さっさと忘れてしまいましょう。

◆**「もうやめなきゃ」→「別にやめなくていい」**

別にどうでもいいという方向へもっていったほうが、手放すことができるものです。

069

自己有用感

「わたしってえらい！」と自分をよくほめてあげる

人に言ってもらったのと同じ効果があります

「自分に○!」も口ぐせにしよう

わたしはよく「自分に○をつけましょう」と伝えています。実際、「自分に○をつける」と言ったときと、「自分に×をつける」と言ったときで実験すると、イラストのような違いが出ます。自分を認めると、なにが起きてもビクともしないのです。

「自己有用感」を高める3つの口ぐせ

「自己有用感」を高める3つの口ぐせを紹介します。それは……

1. わたしは人の役に立っている
2. わたしには価値がある
3. わたし、今日もありがとう

自己有用感とは、人から「ありがとう」と言ってもらえる感覚でもあります。

わたしたちは、ただそこに生きているだけで、生まれながらにして他者に貢献しています。たとえば植物に水をあげる、だれかに笑顔で話しかける。これもすばらしい貢献です。

だからいつも、右のように自分をほめる口ぐせを自分に語りかけてください。人に言ってもらえたのと同じ効果があります。

070

自己受容感

「だれもわかってくれない」「自分だけソンしてる」と思ったら、こころが疲れている証拠

疲れている自分をほめて癒やしてあげよう

だれかがわかってくれるのを待たずに
先に自分を認めてあげよう

毎日仕事に行き、笑顔であいさつをし、メールを送り、帰宅すれば家事をして……わたしたちが毎日行っていることの多くは、「だれかの期待に応えようとする行動」です。もう十分、がんばっています。だから、少しでもいいから、自分をほめ、自分を認めてあげましょう。

「だれもわかってくれない」のは、むしろ当たり前のことなのです。あなたにとっての最高の共感者はあなたしかいません。もっと自分で自分を認め、自分のためだけの時間を過ごすようにこころがけてみてくださいね。

071

自己受容感

イライラしたら自分を甘やかしたほうがいいというサイン

イライラするのは、疲れていて

自己肯定感が下がっているから

ちょっとしたおやつを食べて幸せホルモンを出そう

仕事ができない人にイライラ、言うことを聞かない子どもにイライラなど、なにかにつけてイライラしてしまうのは、疲れているサイン。ほかの人をどうこうしようとするより、自分を見つめ直すときだと考え、自分を甘やかして、休ませてあげましょう。

ちょっとしたおやつなど自分の好きなものを食べるのもおすすめ。満腹中枢が満たされ、噛むことで幸せホルモンのセロトニンが分泌されて、あなたをハッピーにしてくれます。

072

自己効力感

怒りをため込む人はため込めるだけのエネルギーがある

「弱み」はじつは「強み」です

「弱み」だと思わされていただけかも

じつは、「弱み」は「強み」と隣り合わせだと言われています。状況や環境によって、弱点だと思っていた部分が、もっともかんたんに強みに変わることもあります。また、ものの見方を変えるだけで、コンプレックスが長所にも変わるのです。

たとえば、怒りをため込む人は、ため込めるだけのエネルギーがある人です。エネルギーがなければ、怒ることもできません。こんなふうに自分の弱点だと思っていることを、別の見方で見てみましょう。状況が見違えるほどガラッと明るく変わるかもしれません。

コンプレックスの「いい部分」を探してみよう！

いつもビクビクしてしまうのは、危機管理能力が高いから

臆病で怖がりなのは、それだけ感受性が高い証拠。計画性もあり、リスク管理が得意でもあるのです。

日常生活でいつも疲れてしまうのは、それだけ気くばりしている証拠

疲れやすいのは、ものごとを感じとるセンサーが優れているから。気くばりの能力の高さがあるということなのです。

「クヨクヨ」悩んでしまうのは、じつは忍耐力があるから

1つひとつのものごとにしっかり向き合う忍耐力があり、まじめにとり組む力がある、実力のある人です。

落ち込みがちなのは、もっとできるから

自己否定して落ち込んでしまうのは、期待できるだけの能力を備えているから。自分の力をもっと発揮しましょう。

073

自己決定感

「ま、いっか」を口ぐせにする

「ま、いっか」で頭が納得する

納得したら自然と忘れられる

「ま、いっか」で一気に前向きになる

わたしたちは毎日の暮らしのなかで、いろいろな感情を味わい、いろいろなことを評価しています。そのときに落ち込んでしまうときもあれば、怒りを感じたり、もやもやしたりすることもあるでしょう。

大切なのはいま、自分が感じた気分や評価は、一時的で主観的なものにすぎないと知っておくこと。そのときのマジックワードが「ま、いっか」。口に出すとわかりますが、こだわりをラクラクと手放せ、不思議と気もちの切り替えができます。

日常に「ま、いっか」をとり入れると、低くなった自己肯定感を軽々ともち上げてくれるのです。

「ま、いっか」はどんなときでも こころに余裕をもたらしてくれるマジックワード

なにか悩みがあっても、自分に自信がなくても、完璧を目指したくなっても、「ま、いっか」。どんなことでもつらい気もちで続ける必要はありません。「ま、いっか」のことばが余裕をつくってくれるのです。

074

自己効力感

仕事帰りにサクッと友だちと会い、サクッと30分で解散する

忙しくても誘いやすく、お互いのペースも乱れない

職場や学校などオフィシャルな場から離れたところで「飾らないそのままの自分」を受け止めてくれる友人や仲間と会う時間をつくりましょう。パパッと話すだけで、自分には受け止めてくれる人がいると安心でき、自己肯定感が回復します。

075

自己有用感

だれかに手土産をあげることを想像しながらデパ地下をまわる

喜んでくれる顔を思い浮かべると幸福な気もちになれます

心理学的にも証明されている幸せ感のワケ

だれかにお土産をもっていくシチュエーションを想像しながらデパ地下を歩き回るのは、楽しいもの。相手の喜ぶ顔を思い浮かべるだけで、贈る側も幸せな気もちになります。

じつはこのワクワク感、心理学的にも証明されたものなのです。高価なものでなくてかまいません。買うのは、〝もの〟ではなくて〝経験〟です。小さな幸せをたくさん分け与えることが、相手も自分もハッピーになるかんたんな方法なのです。

076

自己信頼感

ぐるぐるずっと同じことで悩んだら「もう、や〜めた」と口に出す

「もう、やめた」と脳に伝えれば

脳が勝手にやめる方向に進んでくれる

負の感情を切り離し気もちもリフレッシュ

考えてもしかたがないとわかっていても、ぐるぐると、ずっと悩みつづけてしまうことがあります。悩みや不安で頭のなかがいっぱいになっているとき、悩むのも不安になるのも、「もう、や〜めた」と声に出して言ってみましょう。

もう、やめたということばを脳に伝えることで、たとえ負の悩みや不安が消えなくても、脳が勝手に止める方向に進んでくれます。自分の感情を切り替え、ストレスコントロールができるのです。

077

自己信頼感

いろいろあった日は本屋さんに寄り道してから帰る

大人の寄り道は「自分の時間に戻ってきたよ」のスイッチになる

マンネリになりがちな毎日に刺激を与えよう

人間のこころはつねに新しい刺激を求めています。変化のない毎日のくり返しは、安定して不安はないものの、刺激が減っていきます。それだけでこころが疲れ、自己肯定感が低下してネガティブな感情に陥ることもあります。

こころに刺激を与えるためにも、楽しいごほうびの時間をもちましょう。ちょこっとだけ本屋さんに寄り道する、お花屋さんに寄ってお花を買う、ジムに行く、高級スーパーに行く……大人の寄り道は、こころに余裕を生み、自己肯定感を回復させてくれます。

078

自己信頼感

緊張がなかなかとれないときは目の緊張をとる

目がほぐれたら、こころもほぐれる

目を温める

目は多くの情報の入り口であり、脳と直結している特殊な器官です。目を休めることは、思考力・集中力の回復につながります。

目を休める方法の1つが、目を温めること。目のまわりの血流がよくなることで、目の疲れが軽減します。それだけではありません。目がほぐれると、こころまでほぐれ、ストレスも減り、気もちをリフレッシュさせてくれます。

電子レンジで温めた蒸しタオルや、ドラッグストアなどで購入できるホットアイマスクを使い、5分ほど温めて。

目の疲れとこころの疲れがとれる「目のストレッチ」

情報の入り口である目が疲れると、ものごとの認知がゆがみ、ネガティブな判断を下してしまいがちに。だからこそ、目の疲れを解消させて、自己肯定感を高めてしまいましょう。「目を温める」(152ページ)ほか、「目のストレッチ」も効果的です。

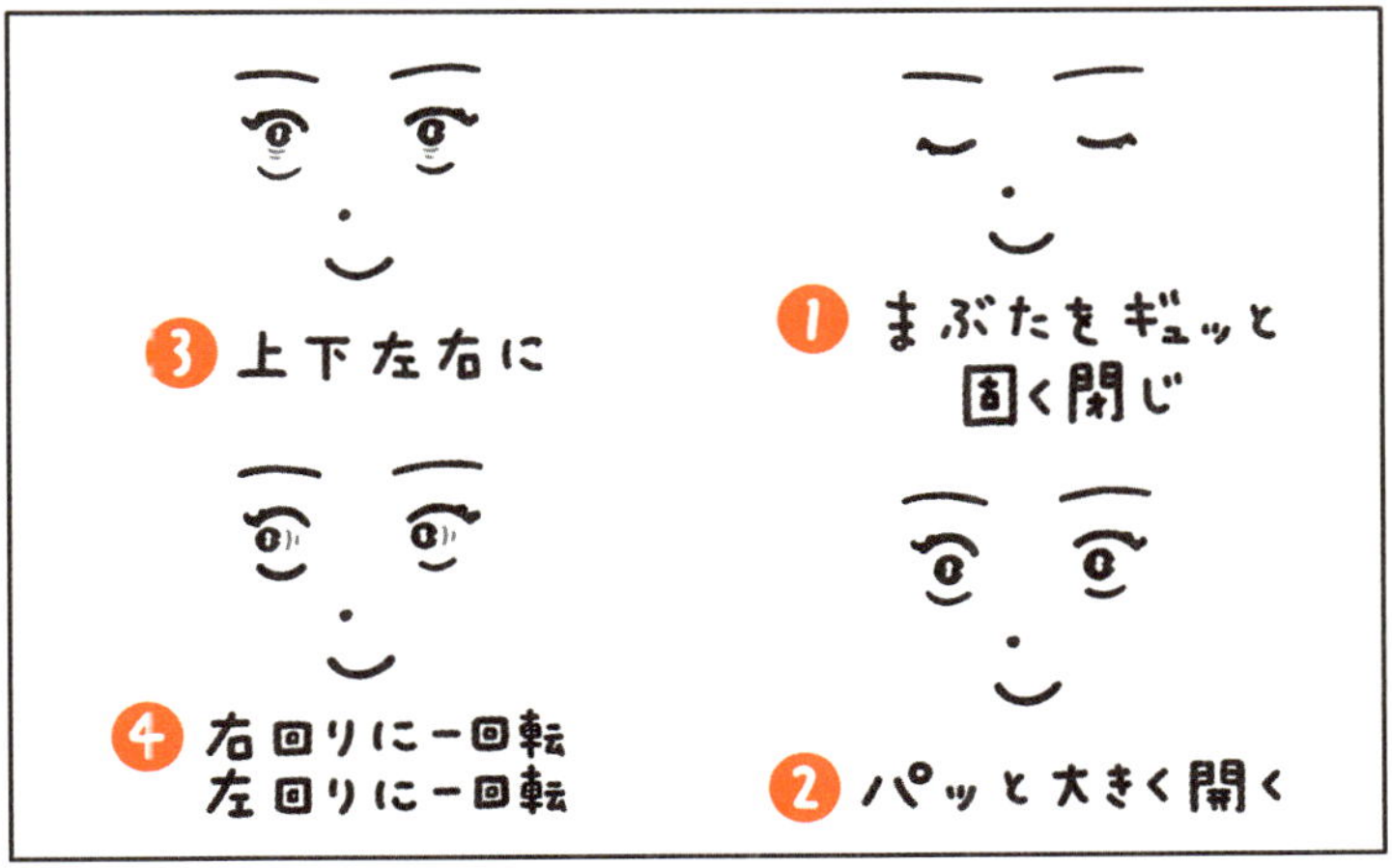

「目のストレッチ」のコツ

1. まぶたをギュッと固く閉じます。
2. その後パッと大きく開きます。①と②を数回くり返します。
3. 次に眼球をゆっくりと上下左右に動かしましょう。これを3セットほど行います。
4. 仕上げに眼球を右回りに1回転、左回りに1回転、ゆっくりと円を描くように回します。

ギュッパ、ギュッパ、ぐるぐる、ぐるぐる、です。目のまわりの筋肉がほぐれて疲れがとれるだけでなく、まばたきすることで乾燥していた眼球に潤いをとり戻す効果もあります。

自分のからだを自分で整えるだけで自尊心が生まれ、こころもからだも安らぎます。

079

自尊感情

人はネガティブがデフォルトであると心得る

ポジティブ信仰が強いとかえって危険

ネガティブな感情を否定しない

ネガティブな感情を悪いもののように思う人もいるかもしれませんが、じつはネガティブな感情は人が生きていくうえでなくてはならないものです。ネガティブな感情が危機管理能力や計画性を生んだりします。むしろ、ポジティブ信仰が強くなりすぎるほうが危険。

人は、本来ネガティブ優位なもの。わたしたちは、ネガティブな感情もポジティブな感情も併せもっているものなのです。どちらもあなた自身がもっている、大切な感情なのです。

080

自己信頼感

相手のこころを深読みしだしたら自己肯定感が低くなっているサイン

深読みしたことはたいていい真実ではない

勝手に決めつけていませんか?

たとえば、あいさつをしてくれない相手に「わたしのこと嫌っているのかな」などと思ったことはありませんか。そう思ってしまう原因の1つは、あなたの「深読み」にあります。

自己肯定感が低下しているときほど、マイナスに受けとってしまいがち。まずは相手のこころを気にしすぎる時間を少しでも減らし、相手とのいい関係を〝いま、この瞬間からつくる〟と決めてください。

気楽でシンプルなつき合いのために、過度な深読みはやめましょう。

081

自己信頼感

自分のことじゃなくて、だれかのことで悩んでないか考える

その課題、本当にあなたが悩むべきことですか？

悩みをスッキリさせる「課題の分離」とは？

自己肯定感が低下すると、ネガティブな側面に焦点があたり、負の感情のループに陥ります。そのとき、「そもそも、この問題は、わたしがこんなに悩むものなのだろうか」と自己認知することが大事。

課題の分離とは、「最終的に責任はどこにあるの？」と責任の所在をはっきりさせるテクニック。「自分の課題」と「他人の課題」を分けてみると、悩んでも意味のないことだと気づくことがたくさんあるのです。

朝
昼
夜
休

問題を仕分けてスッキリする「課題の分離」ノート

あなたがいま直面している人間関係の悩みについて、課題を6つあげ、その課題は自分の課題なのか、相手の課題なのか、仕分けをしてみましょう。

【　　　　　　編】

課題を6つあげ、その課題はだれの課題か考えましょう。

1
2
3
4
5
6

1	2	3	4	5	6

書き方の例

【上司編】

1. 上司が仕事をよくサボっている
2. 上司が苦手で報告を怠ってしまう
3. 上司が後輩にセクハラしている
4. 上司の態度が相手によって違う
5. 上司の言動は腑に落ちない
6. 上司を訴えたいが、踏みだせない

1	2	3	4	5	6
上司	自分	上司	上司	自分	自分

書き方の例

【友だち編】

1. 友だちはいまの彼氏と別れたほうがいいと思う
2. 友だちの言動がマウントに感じる
3. 友だちからの連絡が最近少なくなってきた
4. 友だちに最近感動した映画を観てもらいたい
5. 友だちの服装・髪形は前のほうが似合っていたと思う
6. 友だちが前のように遊んでくれなくて悲しい

1	2	3	4	5	6
友だち	自分	友だち	自分	友だち	自分

082

自己受容感

「自分のこと好き」でなくても「自分のこと嫌いじゃない」でいい

いきなり「好き」を目指さず「嫌いじゃない」を目指してみよう

人は1日の80%ネガティブ思考をしているもの

だれだって自分のことを大好きになるのは難しいものです。人間は1日のうち80%はネガティブな思考をしていると言われています。そのなかで「自分のいいところしか受け入れられない」とすれば、とてもではありませんが、自己受容はできません。

そうであれば、まずは「嫌いじゃない」「こんな自分も悪くない」というところからスタートしませんか。ネガティブな自分を受け入れることが、本当の自己受容感です。

083

自尊感情

落ち着かないときは「体育座り」をしてみる

胎児のような姿勢がリラックス効果をもたらします

自律神経が整って、安心感が得られる

なんとなく自信がもてない。やる気が出ない。漠然と不安を感じている。そんなふうにひどく落ち込んではいないけれど、なんだかモヤモヤして落ち着かないときは体育座りをしてみてください。母親のお腹のなかにいる胎児の姿勢にも似た体育座りで、ひざを抱えて座ってゆっくり呼吸をすると、セルフハグ（178ページ）と同じようなリラックス効果があります。

084

自尊感情

「いいね」をもらっても満たされないのは、さらに「いいね」を集めなければならないから

SNSは用途別に情報収集するツールと考えよう

人と比較するよりも自分のために活用しよう

SNSを見るたびに「いいね」の数に一喜一憂していませんか。SNSは趣味やプライベート、仕事など用途ごとに使うと、人と比較することが少なくなっていきます。たとえば趣味の情報収集のためにチェックする目的なら「いいね」の数は関係なく、楽しく活用できるでしょう。

また、日ごろの人間関係を大切にして、SNSの「いいね」よりも、直接言われる「ありがとう」を大切にすることでも、自己肯定感がアップしていきますよ。

085

自己決定感

太るとわかっていても甘いものをやめられない人は、ちゃんとおいしく食べてない

ながらで食べている可能性が大

集中して少量で脳においしさを届けよう

おいしさに集中したら少量で満足できる

「これを食べたら太っちゃう」と思いながら食べるよりも、大好きなものを「おいしいな」と思いながら食べたほうが、少量であっても脳は満足すると言われています。結果、太りにくくもなるのです。

なにより、大好きな甘いものを罪悪感とともに食べるのはもったいない！ 食べるときは楽しくが、きほん。食べすぎた翌日はセーブするなど、メリハリも大切にしましょう。

086

自尊感情

お気に入りの日記帳を買って、毎日、開く

書かなくてもOK！　いいことを書いたら効果が大！

自律神経が整ってポジティブになる

日記にその日にあったよいことを書くようにすると、感謝や喜びを感じ、ハッピーを発見するのがうまくなります。

そしてもう1つが、仕事や家事でイライラしたことを日記に書くこと。書いて吐きだすことでメンタルの状態が改善。自律神経が整い、ポジティブになっていきます。

日記は書きつづけようと思わなくてOK。まずは毎日、日記を開く習慣をつけるところからスタートしましょう。

087

自己効力感

食事日記をまずは7日間、つけてみる

あなたが食べたものがあなたのからだとこころをつくっています

食事で感情をコントロールする

食事はメンタルを整えてくれます。食事をおいしく食べると、脳内で幸せを感じるホルモンが分泌されます。つまり、食事は感情のコントロールと密接にかかわっているのです。

毎日栄養バランスがいい食事をとる必要はありませんが、食べすぎや偏食をチェックするためにも、食べたものをスマホ撮影して、食事日記をつけることをおすすめします。心身のコンディションが整い、自己肯定感もアップしますよ。

088

自己受容感

嫌なことを書きだせば、嫌なことが消えていく

感情を書きだせば、感情をコントロールできる

研究で効果が認められた心理療法「エクスプレッシブ・ライティング」

「エクスプレッシブ・ライティング」は、自分が感じている負の感情やストレスに思っていることをひたすら紙に書きだしていく方法。書きだすことで、イライラやモヤモヤを頭のなかからとりだし、気もちを切り替えることができます。

Wishリストmemo　※思いつくかぎりメモしておこう

「エクスプレッシブ・ライティング」の3つのコツ

1 制限せずに、吐きだすように書くこと

こんなこと言っていいのかな？　などといった制限は禁物。だれかが見るものではありません。思う存分、吐きだしましょう。

2 書き終えたら、全体を眺めてみること

そのことが自分の人生にとってどのくらいのものか眺めて確認します。なにに振り回されていたかが明らかになります。

3 確認したら、手放してしまうこと

自分で変えることができることとできないことを見極め、いったんすべて区切りがついたこととして手放します。丸めて捨てても、破いても、シュレッダーにかけてもOK。脳は区切りをつけると、終わったこととして判断してくれます。

089

自己受容感

嫌なことを紙に書いて、くしゃくしゃに丸めてポイッと捨てる

物理的に捨てることで

脳が区切りをつけてくれます

ネガティブな思いから自由になる「嫌なことリリース」

「嫌なことリリース」は、ムカついたこと、悲しかったこと、つらかったことなど、ネガティブな思いが頭から離れないときに、そのネガティブから離れるワークです。嫌なことがあったら紙に書きだしてくしゃくしゃに丸めて捨てましょう。

「嫌なことリリース」を書くときのポイント

1 制限をつけずに書きだしましょう

こんなこと書いたらダメだなどと思わず、頭から離れない思いを制限をつけずに書きます。どうせ捨てるのです。思いっきり書きましょう。

2 くしゃくしゃに丸めましょう

思いっきり豪快にくしゃくしゃに丸めてしまいましょう。それだけで気分がスッキリします。

3 ポイッとゴミ箱に捨てましょう

ポイッとゴミ箱に捨てることで、ネガティブな思いをこんなにもかんたんに手放すことができるという自信がつきます。

090

自己受容感

嫌なことがあったら、嫌なことを数値化してみる

いままでいちばん嫌だったことと比べて何点ぐらい？

1〜10で数値化して冷静に自分を見つめる「エモーショナル・スケーリング」

負の感情がふくらんだときに役立つテクニックが「エモーショナル・スケーリング」です。負の感情を数値化することで客観視でき、状況を把握してこころが落ち着きます。その結果、自己肯定感を高めるために必要な安心感を得られるのです。

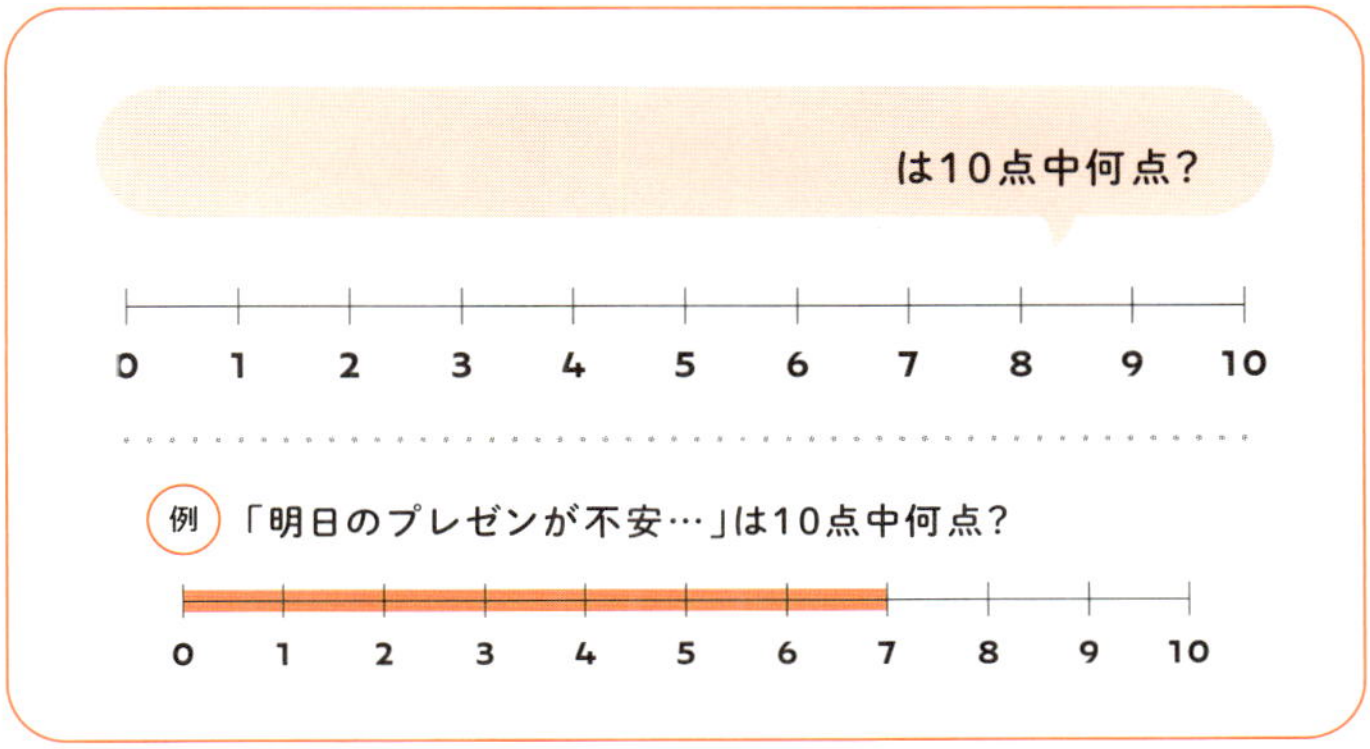

「エモーショナル・スケーリング」のコツ

1 最初に、「自分がこれまでの人生で経験した最高の不安や恐れ」を思いだし、ノートに書きます。これが10点中10点の嫌なこととして、モノサシの基準となります。

2 「いま、自分が感じている不安や恐れ（負の感情）」を書き、その下に10点中何点と採点した得点を記します。すると、「いま」を客観視することができ、怒りや不満、イライラ、不安などの負の感情があっても、コントロールできるようになり、感情を周囲にぶつけることは少なくなっていきます。

3 8点、9点をつけた場合は、1点でもいいので下がる方法を考えましょう。散歩をする、趣味に没頭するなどでもOK。こころが落ち着いたら、もう一度トライ。負の感情は下がっているはずです。

091

自己受容感

1日3つ、よかったことを書きだす

脳が勝手にいいことを探しだす習慣

「スリー・グッド・シングス」のすごい効果

やり方はかんたん。ノートを1冊用意し、1日1ページ「今日のよかったこと」を3つ書きます。慣れてきたという実感を得たら、未来に起こしたいワクワクするような体験や自分なりの発見を妄想して、1つだけ書いてみましょう。

一定期間続けていくことで、脳は「いいこと」を探すようになります。すると、あなたのすべての行動が、ポジティブに肯定的になっていくのです。

21日間続ければ効果的「スリー・グッド・シングス」

1日3つ、「今日のよかったこと」を書きだします。なるべく3分以内で書きだしましょう。いつもよりちょっとだけ外に目を向けた出来事がおすすめです。21日間続けてみると、この習慣が身につきやすいと言われています。

1日目　日付　3つ書く

1　／ ・ ・ ・	2　／ ・ ・ ・	3　／ ・ ・ ・
4　／ ・ ・ ・	5　／ ・ ・ ・	6　／ ・ ・ ・
7　／ ・ ・ ・	8　／ ・ ・ ・	9　／ ・ ・ ・
10　／ ・ ・ ・	11　／ ・ ・ ・	12　／ ・ ・ ・
13　／ ・ ・ ・	14　／ ・ ・ ・	15　／ ・ ・ ・
16　／ ・ ・ ・	17　／ ・ ・ ・	18　／ ・ ・ ・
19　／ ・ ・ ・	20　／ ・ ・ ・	21　／ ・ ・ ・

092

自己信頼感

なにもしないで1日が終わってむなしさを感じたらそれは、「なにかしなくちゃ」と思えた証拠

やりたいことを考えるきっかけにしよう

むしろやる気になってきたのかも

せっかくの休日なのに、何もしないまま1日が終わってしまった。これでいいのかな……。大丈夫！　むなしい気もちになる必要はありません。それは、これから「なにかしなくちゃ」と思えた証拠。むしろ、やる気が出てきたサインと考えてみてはどうでしょうか。「どんな服を着ようかな」「夏はどこに旅行しようかな」そんなふうに楽しいことを考える時間ができたと思えると、楽しくなってきますよ。

093

自己決定感

昔よりモテなくなったらターゲットをフォーカスする時期が来たってこと

もうたくさんの人に好かれようとしなくてもいい

「チヤホヤされたい」を卒業して大切にしたい人を大切にしよう

自分ではあまり変わっていないつもりなのに、「昔よりチヤホヤされなくなった」「雑に扱われるようになった」……これでは自己肯定感が下がるばかり。ですが、見方を変えると、ターゲットを絞る時期が来たということかもしれません。

いろんな人から好かれたいと受け身になるのではなく、自分が大切にしたいと思う人を大切にしようと主体的になってみてください。すると、あなたに大切にされた人もあなたを大切にしてくれるはず。それが愛され、大切にされる近道なのです。

094

自己効力感

もしあなたが、あなたが尊敬する人だったらどう考えるか、考える

セルフイメージが高まるちょっとしたコツ

朝
昼
夜
休

認知のゆがみがスーッと修正される「レファレント・パーソン」

レファレント・パーソンとは、自分の在り方や生き方の価値基準の参考になる偉大な人物のこと。偉大なあの人ならどう考え、どう行動するか。その人になりきって、自分がいま向き合っている問題を客観視するというワークです。

もし自分が ＿＿＿＿＿＿＿＿ だったら

＿＿＿＿＿＿＿＿＿＿＿＿ する。

例 もし自分が 大谷翔平 だったら
毎日コツコツていねいな生き方を する。

「レファレント・パーソン論」とは？

あなたが人生の重要な選択をするとき、好影響を与えてくれた人、それがレファレント・パーソンです。レファレント・パーソン論とは、わたしたちはだれもが、自分にとって特別な存在から影響を受けて行動しているという理論です。上記の例にあるように、ノートを広げ、「もし自分が○○だったら」と書き込んでください。「○○」には、あなたにとってのレファレント・パーソンが入ります。

続いて、質問の下に、レファレント・パーソンになりきって、答えを書き込みましょう。そうすることで視座が変わります。自己肯定感が低下しているときは、ネガティブになり、「できない理由」ばかり探しはじめます。でもそれは認知がゆがんでいるだけ。視座が変われば、問題は思ったより小さいと気づくこともあります。書くことで、セルフイメージを高めることができるのです。

095

自己決定感

明日着る服を用意しておく

明日の朝からムダに悩まなくてすみます

決めておいたらバタバタしない落ち着いて準備できる

自己肯定感が低下していると、ささいなことが気になったりします。朝、着ていく服が決められない、髪形がいまひとつ気に入らない……そして中途半端な状態で出かけ、さらに自己肯定感が下がってしまうのです。

まずは明日に着る服を決めておきましょう。ムダに悩む時間が減り、気もちよく出かけられます。それだけで、自己決定感が高まります。

096

自己決定感

「明日できることは明日やろう」でいい

今日は潔くあきらめたほうが次の日がんばれる

エネルギーチャージしないとがんばりたくてもがんばれない

やる気が出ないのは、エネルギー不足の証拠。そういうときは潔くあきらめて休憩をとったり、やることを翌日にもち越したりしたほうが、エネルギーを充電して元気をとり戻せます。

がんばれないことは「逃げ」ではありません。「明日できることは明日！」「もう、今日はや～めた！」と声にだして、気もちよく手放しましょう。そうするとからだも身軽になり、エネルギーチャージができます。

097

自尊感情

ぎゅ〜っと8秒間「セルフハグ」をする

幸福感をもたらす

3大神経伝達物質を分泌させる

セロトニン、オキシトシン、エンドルフィンで癒やされる

ちょっと自信がないときや不安なとき、かんたんにできる瞬発型の自己肯定感を高める方法が、自分で自分を抱きしめる「セルフハグ」です。自分で自分を8秒間ぎゅ〜っと抱きしめてあげてください。深く息を吐き、深く吸いながら行うと効果的。「大丈夫、大丈夫」と声をかけてあげるのもＯＫ。すると、幸福感をもたらす3大神経伝達物質のセロトニン、オキシトシン、エンドルフィンが分泌されます。それだけで自分にも、人にも優しくなれます。

098

自尊感情

できれば7時間以上、ぐっすり眠る

睡眠はメンタルのために必要不可欠です

睡眠不足になるとネガティブになる

自己肯定感は脳の状態と深くかかわっています。そして睡眠の質は、脳のコンディションを左右します。睡眠不足になると自己肯定感は低下し、ネガティブ思考に陥りやすくなります。

脳神経科学の研究では、7～8時間の睡眠が最適だと言われています。心身が疲れているときは、できるだけ7時間以上ぐっすり眠りましょう。頭がスッキリし、集中力もアップしてポジティブになれますよ。

COLUMN 3

「だれと過ごすか」が人生を決める

アメリカの起業家・講演家で、世界一のメンターとも言われるジム・ローンは、**「あなたという人間は『もっとも多くの時間をともにすごす5人』の平均になる」**という「5人の法則」を提言しています。つまり「あなたのまわりにいる5人の平均があなただ」ということです。

たとえば、年収が1000万円のバリバリ働く5人といっしょにいたならば、あなたの働く意欲も彼ら・彼女らと近いものになり、その向上心が同等の年収を得られることにつながっていきます。

一方、それほど働かない年収200万円の人たちといっしょにいたならば、「そんなに稼がなくてもいいよね」と年収200万円で満足するようになるでしょう。

この「5人の法則」は、心理学で言う**「コンフォートゾーン」**の考え方に起因します。人にはそれぞれストレスや不安がなく落ち着いた状態でいられる場所・状況があり、それをコンフォートゾーンと言います。

人は無意識のうちにコンフォートゾーンに入ることを求めます。つまり、自分と似た人たちのところへと引き寄せられる。これが、「5人の法則」がよく成立する理由です。

どんな人といっしょにいるか。これはあなたがどんな人生を送るかを決める重大な要素です。であれば、**自分がいっしょにいたいと思うような人のようにあなたも振る舞う**こと。そうすれば、あなたの人生の満足度・幸福度はとても高いものになっていくでしょう。

PART 4

「休日」の自己肯定感アップのコツ

人生を楽しみ、明日からもがんばろうと
思うために大切にしたいこと

099

自己有用感

休日だからこそ早起きをする

自己肯定感が勝手に高まる
もっともかんたんな方法

ゴールデンタイムを思いっきり楽しもう

脳は目覚めてから2時間の間に、もっともクリエイティブなワクワクした思考力を発揮することがわかっています。このゴールデンタイムを活用しない手はありません。

休日こそ、早く起きましょう。そして、人生のプランを練ったり、好きな本を読んだり、将来につながる勉強をしたり、買いものや旅行の計画を立てたり、自分のごほうびの時間として使いましょう。

ワクワク思考で大きな充実感を得られます。

100

自己有用感

しばらく連絡していなかった友だちに連絡してみる

つながりを感じられるだけで幸福感が高まります

仕事・家庭とは違うところに安心できる存在がいる心強さ

職場や家族に信頼できる人がいることはとても大切ですが、それ以外の場所でも、いっしょに楽しめる、こころをゆるせる人とのつながりを感じられると、人生の満足度がアップします。

まずは、しばらく連絡していなかった友だちに連絡してみましょう。「いま、どうしているかな」と思ったときがそのとき。

仲間の存在や人とのつながりを感じることが、あなたの自己有用感を満たし、自己肯定感を高めてくれます。

101

自己決定感

「今日はだらだらする」と決めて、積極的にだらだらする

自分で決めて実行したら幸福度が増す

自分で休日の予定を決めてコントロールできていると思う人ほど幸福度が高い

「だらだら過ごして後悔した」という人は多いかもしれません。でも「この週末は本気でだらだらする」と決めていた場合、その計画が実行できただけで、幸福度がアップすることがわかっています。

これがいい！と思ったことならなんでもOK！

「わたしがそうすると決めた！」それを実行できたとき、自己肯定感がアップするもの。わたしが決めて、わたしがそれを実行して、満足する。そんな自分に「いいね！」ができるのです。

実行することは、前向きなことや、自分の実になるようなすごいことである必要はありません。たとえば、1日ボーッとする、好きなコンビニスイーツを買いにいく、動画配信サービスでドラマを1日中観る、昼すぎに起きてゴロゴロする、などささいなことや一見するとダメなことでもOK。結果的に休日をだらだら過ごしてしまうのではなく、だらだらすると計画して、それを実行することがポイントです。

大切なのは「自分が決めたことを実行できたこと」。自分で決めて段どりした過ごし方ができると、人は幸せを感じ、ポジティブ思考になれるのです。

102

自尊感情

どうなるかわからないだれかのために予定を空けておかない

自分の人生は自分で舵を切ろう

だれかを待たない自分を優先しよう

忙しくてなかなか会えない恋人のために週末を空けておく。テレビで話題になった人気店の行列に、つい並びつづけてしまう。仕事が早く終わったのに、まわりを気にして帰れない……。

このように「だれか」や「なにか」のためにがまんを続けていると、自尊感情が低下します。まずは自分にとって大切なスケジュールの時間をとっておくことが有効です。

自分を優先させてあげることで、自尊感情が回復していきます。

103

自己有用感

「ひとり時間」は人生のなかでとてもぜいたくな時間と考える

お金持ちならぬ〝時間持ち〟だと考えよう

朝
昼
夜
休

人生、ひとりになれない時間のほうが多い

ひとりの時間がさびしい、退屈だと思う人もいるかもしれません。でも、人生のなかで「ひとりの時間」をもてるのはすばらしいこと。

子どもがいたり、介護がはじまったり、仕事が多忙だったりすれば、それだけでひとりの時間は少なくなります。自分のためだけに使える時間があることは、とてもぜいたくなことなのです。

お金をたくさんもつことよりも、時間をたくさんもっていることが、あなたを豊かにしてくれます。

104

自己効力感

友だちがキラキラ見えて焦りを感じたならそれは、あなたがキラキラしだすための発動サイン

あなたがキラキラするためのことを考えよう

キラキラしだすためにしたいこと

- とことん趣味に没頭する。
- 「ありがとう」を口ぐせにしてみる。
- いつもと違うメイクやファッションをする。
- 知らない街を歩いてみる。
- SNSを見る時間を減らして、興味のある本を読んでみる。
- 習いごとや勉強をはじめてみる。
- 転職情報をチェックする。
- ダイエットに成功した自分を想像してみる。

105

自己信頼感

昔からの友だちと話が合わなくなったと感じたら、新しい友だちをつくるチャンス

またかみ合う日も来るから

ゆるくつながりつつ、しばらく離れておこう

ムリにつき合わなくてもOK

状況や環境が変わっていくなかで、昔からの友人と話が合わなくなってくることもあります。このようなときは、ムリにつき合いつづける必要はなく、ゆるくつながっていることはとても大切です。

もしかして年齢を重ねてから話が合ってくることもあるでしょう。つき合いを休んでいる間に、いままで出会うことのなかった新しい友だちができるかもしれませんし、1人で楽しい時間を過ごすチャンスかもしれません。

106

自己決定感

「推し活」は楽しければ、自己肯定感にとてもいい

「好きなこと」を見つけられている証です

「推し活」で誰かを思いっきり応援すれば幸福度は増すものです

「推し活」とは、自分のお気に入りやひいきにしている人やモノを応援する活動のこと。アイドルやアニメ、海外ドラマの出演者など、対象はなんでもかまいませんし、応援の仕方も人それぞれ。

大切なのは、こころ躍ることであること。そして、推し活を通して、新しい仲間と出会うことです。楽しんでいる人たちの輪のなかに入り、たくさんの人の笑顔を見ると、共感力が高まります。仕事で忙しい日々を送っている人や悩みがある人も、頭を空っぽにして楽しむことで、心がリフレッシュされます。

幸福学の研究によると、わたしたちが幸せを感じるのは、「やりがい」「生きがい」「つながり」の3つがキーワードだといいます。推し活には、見事にこのキーワードが含まれています。

推し活を楽しんでいると、充実感を味わえ、実行力も高まるため、自己肯定感をアップしてくれます。つまり、推しのある生活はあなたを幸せにしてくれるのです。

もし「推し活」する自分をポジティブに思えないなら

楽しいはずなのに「推し活に人生をかけているなんて、こんな自分でいいのかな」と不安に思ってしまう……そんなときは、推し活以外のところでどこか充実感を得られていない可能性があります。

そうであれば、推し活を上手に活用してしまいましょう。つまり、「今度の週末の推しのライブのために、今週の仕事をがんばろう」「推しのためにもっときれいになろう」など、推し活をモチベーションにするのです。

推し活そのものも、推しのためになにかをがんばることも、とてもステキなことです。

最近は、好きなことがわからない、好きなことを見つけられないという人がたくさんいます。自分で自分の〝好き〟を見つけられているということは、それだけで自己肯定感が高いということなのです。

107

自己受容感

ショッピングにいって、店員さんのおすすめにイラッとしたら、その日は買いものする日じゃない

イラつくのは自己肯定感が低くなっているから

自己肯定感の高い日にショッピングしよう

「オトナ女子にはこれがお似合いですよ」

ひとりでショッピングをしていると、店員さんのこんなおすすめのひと言になぜかイラッとしてしまう……相手のことばをネガティブに受けとってしまうときは、自己肯定感が下がっているのかも。

そんな日は、「買いものする日じゃないな」とあっさりあきらめて、気分転換をしたほうが得策です。ショッピングは楽しい気分のときに行きましょう。

108

自尊感情

前より やせにくくなったら、新しいステージが やってきたってこと

いっぱい健康情報を集めて 友だちに教えてあげよう

ファッションを見直すのも◎

いままでのやり方ではやせにくくなったのなら、やせるための方法を変えたり、健康や美容のために新しいことをはじめたりするチャンスが来たということ。どんな方法があるか情報を収集しましょう。

効果的なダイエット法やきれいに見えるファッションをとり入れたり、食事などを見直したりしてみては？

いい方法があったら、みんなでシェアしましょう。あなたのまわりに人が集まってくるかもしれません。

109

自己効力感

いつも選ばないものを選んでみる

変化は自己肯定感を上げてくれる

ちょっとした刺激が脳にいい影響を与える

いつもと同じことをくり返すことは、安心感をもたらします。一方で、刺激が足りず退屈してしまうことも。“いつもと違う”ちょっとした刺激は、脳にもいい影響を与えます。小さなことからでいいので、いつもしないことをしてみましょう。

いつもと違うものを身につけることの効果

たとえばどんなこと？　と思われた人に手っとり早くておすすめなのが、身につけるものを変えること。

手軽なアイテムの1つが、サングラスです。だれでもかけるだけでいつもと違った雰囲気の自分を演出できます。自分に似合ったサングラスが1つあると、メンタルにも影響大。チャレンジ精神や冒険心が高まったり、コミュニケーションへの積極性がアップしたりします。

また、暑い季節ならノースリーブやタンクトップなどの肌を見せるファッションに挑戦してみても。肌を少し見せることで身体的な解放感を味わうと、それに連動して防衛機制（ディフェンス・メカニズム）がゆるむことが、心理学的にわかっています。これによってリフレッシュ効果や主体性、実行力を高めることができ、自己肯定感を高めることにつながるのです。

110

自己決定感

「結婚したい」のに「婚活はする気がない」なら、まずなぜ結婚したいか書きだしてみる

そもそも本当は結婚したいと思ってないのかも

結婚がすべてではない

過去の失恋経験や婚活疲れなど、いろいろな理由から、結婚はしたいけど婚活はしたくないという人もいます。婚活をする気にならないなら、いまは結婚について考えるのはお休みしたほうがいいでしょう。

結婚はあくまでも人生の一部。それがすべてではありません。あなたが自分の好きなことをして自己肯定感がアップしていけば、おのずとあなたにとっていちばんいい人が見つかるはずです。

朝
昼
夜
休

111

自己決定感

親との関係がこじれたら「見守ってほしい」とだけ言う

ちょっとだけ距離を置いてお互いに冷静になる

意見が食い違うのはあたりまえ あなたらしさを尊重しよう

親のやっていることを真似していた子ども時代と違って、大人になると自分なりの価値観ができ、親と価値観を共有できなくなってきます。でも、それも当然のこと。大切なのは、そこでがまんしないこと。

親と衝突したときは正直に「見守ってほしい」と伝えましょう。「ほうっておいて」ではなく「見守っていて」です。人は十人十色です。自分を尊重しつつ、認め合える関係性を築いていきましょう。

112

自尊感情

やりたいことをひたすら100個書きだしてみる

100個書いたら

本当にやりたいことが見えてくる

朝
昼
夜
休

ワクワクするようなTO DOリストになっていく「Wishリスト」を書いてみよう！

「Wishリスト」は、自分のもつ願いをノートに箇条書きで書きだしていくワーク。制限時間内にたくさん書くことで、自分が本当にしたいことはなにか、自分が喜ぶことはなにかが確認でき、実現するために行動できるようになります。

Wishリストmemo　※思いつくかぎりメモしておこう

「Wishリスト」の3つのポイント

1 なるべく20分以内に100個書く

制限時間内に100個書くと設定することで、「これはムリ」などのブロックが外れ、あなたの潜在意識にある、ワクワクするような願いや夢が見えてきます。

2 リストを書いたら、全体を見直す

一気に書きだすと同じような項目があるのを発見できます。じつは、それがあなたのやりたい傾向であり、いま必要なことです。

3 リストに優先順位をつける

ワクワクする項目を○で囲んだり、マークをつけたり、番号を振ったりして、優先順位をつけましょう。さらに、願いが叶ったらチェックしていくと、達成感が高まります。

113

自己決定感

なにかあったら助けてくれる人をあらかじめピックアップしておく

いざというとき、すぐお願いできます

自分だけではどうにもできない問題に対処する「解決ノート」

「解決ノート」は、解決したいことに対して周囲にいる人たちからどういう助けが得られるかを明確にするワーク。解決したいことを中央に書き込み、それに対してなにをしてくれるかを書き込みます。人に頼ってもいい部分が見えてきます。

<table>
<tr><td colspan="3">家族
（親・パートナー・子どもetc.）</td><td colspan="2">専門家
（病院・役所・心理カウンセラーetc.）</td></tr>
<tr><td>友だち
（知り合い）</td><td colspan="2">解決したいこと</td><td colspan="2">職場・学校
（上司・後輩・先生etc.）</td></tr>
<tr><td colspan="5">その他
（SNS、サイトetc.）</td></tr>
</table>

114

自己受容感

近所の神社にお参りにいく

お願いではなく感謝を伝えてみてください

神社に行くことのリフレッシュ効果

◆**参道を歩く**

長い参道や石段を歩くことで血流が改善。自律神経が整います。

◆**参拝の前にお清めとして行う手水《ちょうず》**

手水の冷たい感覚が、五感の活性化につながります。疲労やストレスの緩和につながります。

◆**参拝する**

参拝を通じて、こころのなかにある目標が明確になると、モチベーションが高まります。

115

自己信頼感

お墓参りにいく

ご先祖さまに感謝したら前向きになれます

いま、ここにいるのはご先祖さまのおかげ

あなたがいま存在しているのは、ご先祖さまがいたからです。10代さかのぼれば、ご先祖さまの人数は1024人。だれか1人欠けても、わたしたちは存在しませんでした。

その感謝をストレートに表す場として、お墓参りの時間を大切にしましょう。感謝をすることで、こころが穏やかになり、なによりも運を味方にできるでしょう。

お墓参りに行くのが難しければ、家で静かに手を合わせて、感謝を伝えてみましょう。

116

自己有用感

もしあなたが5年後死ぬとしたら、後悔しないためにしたいことを書きだす

死から逆算して考えれば

「いま」を充実せざるをえない

なにを後悔しているのか見える化すると未来が変わる

人はいつか必ず死を迎えます。わかっていてもなかなか現実味がもてないものです。そこで、もうすぐ死ぬと悟った人たちが、なにを後悔しているのか。それを知ることが、未来をもっとよりよく豊かにするための希望になるのです。

死ぬまでにしたいことを書きだす時間が、過去を正しく振り返り、いまを確認し、これからの楽しい未来に向かって具体的にしておきたいことを客観視させてくれます。脳は質問したことにはちゃんと答えを探してくれるもの。「バケットリスト」を書けば、あなたの未来は豊かで充実したものになるでしょう。

朝

昼

夜

休

死ぬまでにしたいことを書きとめる「バケットリスト」

もしあなたが5年後に死んでしまうとしたら、「これだけはしておきたい」と思うことはなんですか？　思いつくままに書きだしてみましょう。

書きだしたなかから5つだけ選び、「これをしなければ絶対に後悔する」と思う順番にランキングをつけて、その理由を書いてください。

順位	しておきたいこと	その理由
1位		
2位		
3位		
4位		
5位		

書いたものを眺め、「気づいたこと、感じたこと」「これからの人生に生かしたいこと、注意しておきたいこと」を書きとめておきましょう。

117

自己有用感

憂うつな日曜日の夜は、明るくて人がいる場所へ行く

デパート・スーパー・コンビニ…の明るさがあなたの心も明るくしてくれる

落ち込みやすい時間帯に「快」のスイッチを入れよう

夕暮れどきになると気分が落ち込んできたり、休日の終わりに憂うつになったりする人は、思い切って「明るい場所」に行きましょう。

わたしたちは本能的に明るいところに行くとワクワクして、「快」の感情のスイッチが入ります。デパートやスーパー、コンビニ、ショッピングモールなど賑やかな場所に身を置き、行き交う人の存在を感じることで社会とのつながりを再確認でき、自己有用感が回復します。

118

自尊感情

自分がフラットになれるホーム（居場所）を見つけておく

ホームがある安心感はあなたの強い味方

感情が上下せず本来の自分になれる場所

つい感情的になって一喜一憂してしまうときは、自分のホームに戻りましょう。ホームとは、あなたがよみがえる、安心できる場所や時間です。たとえば、行きつけの飲食店や行きつけのサロン。どこかに行かなくても、ペットといっしょにいる時間、手芸をしているとき、ヨガをしているとき、なんでもOKです。

明日の予定を考えることもない、未来への不安もない、すべてを忘れてフラットになれる場所。ホームがある安心感は、自己肯定感を高めてくれるのです。

119

自己受容感

ときには ひとりになることを 優先してみる

誰にも邪魔されず

自分と向き合う時間をつくろう

「孤独な時間」があなたをつくる

毎日の暮らしのなかで、ひとりになって、自分の内側と向き合う時間はなかなかとりにくいもの。自分を冷静に見つめ、自分の感情をコントロールし、自分の価値観や興味を再認識したいなら、静かに自分の内面と向き合う時間をもつことがとても大切です。

1日にわずか5分でかまいません。静かに目を閉じ、自分のこころの声を聞き、自分自身と対話できる時間をもちましょう。

朝
昼
夜
休

120

自尊感情

「自分のからだを大切に扱う」それがオトナ女子のオキテ

絶対にだれかに雑に扱わせない

自分のからだを大切にしてあげよう
健康のためにも

あなたのからだはあなたのものです。まずはあなた自身が、あなたのからだを大切に扱ってあげてください。そのためには、健康や食事に気をつけるなど、からだが喜ぶことをしてあげましょう。そして、だれからもあなたを雑に扱わせないでください。

からだだけではなく、あなたのこころも、あなたの人生もあなたのものです。だれからも冒されることはありません。

そう思えたら、自分のことを丸ごと受け入れられると思いませんか。それは、「あなたはあなたのままでいい」ということなのです。ステキなオトナ女子であるあなた自身が、あなたのことを大切に扱ってあげましょう。

121

自己効力感

緑のなかをゆっくり歩いて葉っぱのにおいをかいでみる

5分で気もちが前向きになる森林浴効果

朝

昼

夜

休

身近なお気に入りの緑スポットを見つけて いつでもリフレッシュできるようにしよう

気分をリフレッシュしたいときにおすすめなのが、緑のなかをゆっくり歩くこと。すぐにできて、メンタル面にいい効果をもたらしてくれます。人間は不思議と、自然のなかで気もちのよい風を受けながら、不安になったり落ち込んだりすることはできません。

自然のなかに身を置くと、不思議と気分が上がる、気もちが前向きになることを実感している人もいるのではないでしょうか。緑が多い公園を歩くことはもちろん、サイクリングをする、あるいはストレッチをしたりヨガをしたり、ガーデニングをしたり、行うことはなんでもかまいません。

自然のなかでウオーキングをするなどからだを動かすことは、短時間でストレスを軽減し、気分転換ができたり、ポジティブ思考になれたりすることが、多くの研究でも指摘されています。

ぜひ、時間を見つけて公園の緑など、身近にある自然のなかを歩く習慣をはじめてみましょう。

葉っぱの「フィトンチッド」効果

緑のなかを歩くとき、葉っぱのにおいをかいでみましょう。とてもリラックスできると思います。これは、植物から発散される「フィトンチッド」の効果で気分が変わるからです。

フィトンチッドは植物がもつ揮発成分のことで、森林の香りのようなイメージです。フィトンチッドには殺菌力があり、副交感神経を刺激して解放感を与えるほか、癒やし効果があることも証明されています。

つまり、香りによる清涼効果によってストレスを解消し、気分をリフレッシュしてくれるということなのです。

もちろん、遠くの森林に行かなくても大丈夫。近くにある公園にある樹木でも、5分程度歩くだけで、十分なストレス軽減効果が期待できます。疲れたとき、リラックスしたいとき、葉っぱのにおいをかいで、リフレッシュしましょう。

122

自己信頼感

歳を重ねるほど
楽しくたくさん遊ぶ

気もちが若い人ほど実際若い

「気もちが若い」ことが うつ・認知症のリスクを下げる

フランスの大学の研究によると、実年齢よりも気もちが若い人のほうが、うつのリスクを下げ、認知症のリスクを軽減し、入院の可能性を低くするなど、身体的な健康にも影響することがわかっています。

「主観年齢」とは？ どうすれば「主観年齢」を若くできる？

「主観年齢」とは、自分自身が主観的に見た年齢のことで、いわゆる「気もちの若さ」を表しています。心理学の研究では、年齢を重ねたとき、活気にあふれている人と、元気がなく枯れてしまっている人との差に、主観年齢が深くかかわっているのではないかと考えられています。

主観年齢を実年齢より若く保つためにはどうすればいいのでしょうか。ポイントは、旅行や新しい趣味を楽しむこと。また運動をする、好奇心をもつこと、会話を中心としたコミュニケーションの機会を増やすことも有効だとされています。

つまり、年齢を重ねれば重ねるほど、楽しいことをしてたくさん遊ぶ時間を満喫していく姿勢が、あなたを健康で、若々しく、幸せにするのです。

123

自己決定感

あなたが88歳になったとき、いまのあなたになんと声をかけるか考える

人生後悔しないために

未来から見ていまなにをすべきか考える

あなたの目指すべき方向を見いだす「タイムライン」

「タイムライン」は、あなたが目指すべき方向を見いだすワークです。ノートを前に「○年後、どんな自分になっていたいか、なにを実現したいか」自由に想像を膨らませていきましょう。未来の自分を思い描くことで、インプット効果が高まります。

	目標	アファメーション
1年後		
3年後		
5年後		
88歳の自分		

書き方の例

	目標	アファメーション
1年後	海外でも売れるコンテンツを考える	わたしは海外で売れるコンテンツを見つけました
3年後	海外でコンテンツを売りだす	わたしはいいコンテンツを海外で幅広く売るための販路を見つけました
5年後	国内と海外を行き来し、コンテンツを幅広く売っている	わたしが考えたコンテンツは国内のみならず海外でも人気があります
88歳の自分	世界中から尊敬されるリーダーになる	うれしいことに国内だけでなく海外からもレジェンドとして認めてもらっています

「タイムライン」を書くコツ

1年後、3年後、5年後に思い描いたイメージを具体化した目標、アファメーションを書いたら、もう1つ問いかけます。88歳のあなたから いまのあなたへ、一度きりの人生を後悔しないために、次の○○○○に当てはまる言葉を書いてみてください。

「わたしは88歳のあなたです。わたし、○○○○をして、後悔しない人生を送ってね」

ワクワクする未来の視点で書けば、このままではダメだと自覚でき、いますべきことが見えてきます。

124

自己有用感

小さくてもいいから、自分がだれかの役に立つことを考えてみる

人間にとって最高の幸せはだれかの役に立てること

募金・ボランティア…
人のためにお金を使うと幸福度が上がる

寄付や募金、ボランティアをするなど、人のためにお金を使ったり、だれかのために活動をしたりすると幸福度がアップすることは、さまざまな研究によって実証されています。どのくらいの幸福度を感じるかは、貧しいとか豊かとか、収入が多いか少ないかなどにはまったく関係なかったという調査結果もあります。

それは、身近なことでも同じです。たとえば、会社にお土産や差し入れをもっていくことや、自分が住んでいる地域のイベントなどに参加することもその1つ。だれかのために、予定していなかったことをする=だれかのために自分の時間を使うこと。それは、時間を有意義に使えたという実感につながり、大きな充実感を得られます。

それだけではありません。だれかのために行動することで感謝され、人間関係も円滑になるので、人とのつながりも実感でき、さらに幸福度がアップするというわけです。

どんなことができるか考えよう

自己肯定感が下がってくると、自分のことで手一杯になり、だれかに親切にすることや、手を差し伸べることがおっくうになることも。でも、誰かを助けることは、じつは自分自身を助けることにつながります。ある調査では、自分がサポートを受けるよりも他人をサポートするほうが、よりストレスが軽減したという結果があります。また、利他的なことをすると、心理状態が改善されて、自己肯定感が高まり、健康長寿につながることもわかっています。

日々の仕事でも、自分の仕事がだれかの役に立っている、だれかに喜んでもらえていることがわかると、やりがいや意義を感じることができますよね。こうした「ごほうび」のような幸福感は、なにものにも代え難いもの。見返りを考えず、どんなことができるか考えてみましょう。それだけでも気もちが上向きになるはずです。

125

自己有用感

感謝の手紙を書いてみる

出さなくてもOK!
書くだけで幸福度が上がります

朝
昼
夜
休

感謝の気もちは セルフコントロール力を高める

いままでの人生のなかで、あなたがもっとも感謝したい人に、手紙を書くようにメッセージを書きましょう。大切な人に「ありがとう」の手紙を書くと、幸福度が上がります。そして長期的なことに目を向けるセルフコントロール力が高まります。

Wishリストmemo　※思いつくかぎりメモしておこう

オトナになればなるほど 感謝をしよう

仕事や勉強において、なにかを乗り越えた経験がある人ほど、自分だけの力でそれが成し遂げられたわけではないことを感じています。

みなさんもまわりを見回してみてください。必ずあなたを助け、導き、支えてくれた人がいるはず。1日1回、協力してくれた人たちの顔、そこに導いてくれた運命の流れを思いだし、感謝する習慣をもちましょう。そして、いまもっとも感謝の気もちを伝えたい人に手紙を書くように感謝の気もちを書きましょう。

対象は動物や植物でも、なんでもかまいません。感謝には科学的にも「幸福感が上がる」「睡眠の質が上がる」「セルフコントロールができる（自制心を高める）」などのメリットが確認されています。感謝の気もちを書くことが習慣化すれば、思考や行動も変わっていくのです。

さくいん

「6つの感」別・自己肯定感を高めるコツ

「自尊感情」が高まるコツ

朝、起きたらおふとんを
きちんと整える …… P40

鏡のなかの自分に「今日も
いい顔してる！」と声をかける …… P42

「嫌われているかどうか」より
「やりたいことをやれているか」 …… P57

「許容範囲の器がデカい」
オトナを目指す …… P58

「いつかやろう」の「いつか」は
永遠に「未来」。「いま」やろう …… P61

「できる」よりも
「できる、できる、できる」 …… P64

仕事の期日を「〆切」ではなく
「約束」と解釈する …… P85

あなたを追いつめる人も
じつは追いつめられている …… P101

マウントをとりにくる人は「かわい
そうな人」だと思ってあげる …… P108

嫌いな人、苦手な人をよく見てみて。
自分と似ているのかも …… P132

「すごいね」「いいね」
「よかったね」を求めない …… P134

人はネガティブがデフォルトで
あると心得る …… P154

落ち着かないときは
「体育座り」をしてみる …… P159

「いいね」をもらっても満たされ
ないのは、さらに「いいね」を
集めなければならないから …… P160

お気に入りの日記帳を買って、
毎日、開く …… P162

ぎゅ〜っと8秒間
「セルフハグ」をする …… P178

できれば7時間以上、ぐっすり眠る …… P179

どうなるかわからないだれかのために
予定を空けておかない …… P186

前よりやせにくくなったら、新しい
ステージがやってきたってこと …… P193

やりたいことをひたすら100個
書きだしてみる …… P198

自分がフラットになれる
ホーム（居場所）を見つけておく …… P207

「自分のからだを大切に扱う」
それがオトナ女子のオキテ …… P209

「自己受容感」が高まるコツ

ひとり言を言う …… P50

「自分をよく知っている」人ほど
オトナな人間 …… P54

「I'm OK, I'm not OK」の
考えで生きる …… P55

「もし○○が起きたら、△△をする」
と、あらかじめ決めておく …… P62

オフィスのデスクまわりに
自分の好きな小物を置く …… P74

相手がもっているもの
身につけているものをほめる …… P91

「どうするつもり？」ではなく
「なんとかなるよ！」と言ってあげる …… P92

「なんで協力してくれないの？」と
責めるのではなく「〜してくれると
うれしいな」とお願いする …… P94

「できない…」「もうムリ…」と
言ってしまったら、そのあとに
「かもしれない」とつけ足す …… P96

「そういう意見もありますね」で
やんわり相手に異を唱える …… P98

後輩女子には気くばりしつつ
サラリとつき合う …… P102

どうしても「NO」と言えないときは
「少し考えさせてください」…………P118

ついイラついて怒ってしまう人は
「また怒っちゃった…」の
反省のひとり言をつけ足す…………P120

人の意見が気になるのは
人の意見をとり入れられる
柔軟さがあるから…………P122

いい香りをかいで
「いま」に集中する…………P128

「だれもわかってくれない」
「自分だけソンしてる」と思ったら、
こころが疲れている証拠…………P142

イライラしたら自分を甘やかした
ほうがいいというサイン…………P143

「自分のこと好き」でなくても
「自分のこと嫌いじゃない」でいい…………P158

嫌なことを書きだせば、
嫌なことが消えていく…………P164

嫌なことを紙に書いて、くしゃくしゃ
に丸めてポイッと捨てる…………P166

嫌なことがあったら、
嫌なことを数値化してみる…………P168

1日3つ、よかったことを書きだす…………P170

ショッピングにいって、店員さんの
おすすめにイラッとしたら、
その日は買いものする日じゃない…………P192

近所の神社にお参りにいく…………P202

ときにはひとりになることを
優先してみる…………P208

「自己効力感」が高まるコツ

朝、起きたら窓を開けて
「ヤッター！」のポーズをとる…………P34

毎朝、体重計にのって体重をはかる…………P44

5分間だけそうじをする…………P46

毎日1つ小さな新しいことをしてみる…………P52

とりあえず2分だけやってみる…………P86

ちょっとおおげさに
リアクションしてみる…………P88

「ベテラン」と言われて
ムカつくのではなく
「ベテランですから」と胸をはる…………P105

つらくなったら呼吸に意識を向ける…………P130

怒りをため込む人はため込める
だけのエネルギーがある…………P144

仕事帰りにサクッと友だちと会い、
サクッと30分で解散する…………P148

食事日記をまずは7日間、
つけてみる…………P163

もしあなたが、あなたが尊敬する人
だったらどう考えるか、考える…………P174

友だちがキラキラ見えて焦りを
感じたならそれは、あなたが
キラキラしだすための発動サイン…………P188

いつも選ばないものを選んでみる…………P194

緑のなかをゆっくり歩いて
葉っぱのにおいをかいでみる…………P210

「自己信頼感」が高まるコツ

朝、起きたらお気に入りのコップで
白湯を飲む…………P36

ハンカチにアイロンをかける…………P45

会いたい人をイメージして生きる…………P48

どうしてもやる気が出ないときは
「休んじゃえ！」と1日だけサボる…………P53

「わたしは絶対運がいい」と
ひそかに思い込む…………P56

「いま」を変えれば、「未来」が
変わるので、「過去」はスルーする…………P60

うまくいって楽しく打ち上げをする
ところまでイメージする…………P66

不安になったら空を見上げる…………P68

なかなか行動に移せないときは
「完璧主義になってない?」と
自分に質問する …… P77

「○○さんがあなたのこと
ほめてたよ」と伝える …… P90

ほめられたら「いえいえ…」ではなく
「ありがとうございます!」 …… P104

「パンッ!」と手をたたく …… P110

10秒間目を隠してうつむき
少し腰を曲げる …… P121

人に甘えたり、頼ったり
できないのは、実力があって
これまでできてきたってこと …… P123

「応援してるね!」とことばに出す …… P124

「この人といっしょにいるときの自分、
あまり好きじゃない」という人とは
なるべくつき合わない …… P133

「疲れた…」ではなく
「よくがんばった!」 …… P138

ぐるぐるずっと同じことで悩んだら
「もう、や〜めた」と口に出す …… P150

いろいろあった日は本屋さんに
寄り道してから帰る …… P151

緊張がなかなかとれないときは
目の緊張をとる …… P152

相手のこころを深読みしだしたら
自己肯定感が低くなっているサイン …… P155

自分のことじゃなくて、だれかの
ことで悩んでないか考える …… P156

なにもしないで1日が終わって
むなしさを感じたらそれは、
「なにかしなくちゃ」と思えた証拠 …… P172

昔からの友だちと話が
合わなくなったと感じたら、
新しい友だちをつくるチャンス …… P189

お墓参りにいく …… P203

年を重ねるほど楽しくたくさん遊ぶ …… P212

「自己決定感」が高まるコツ

朝、目を開けたらすぐ起きる
目を開けて疲れを感じたら
30分だけ二度寝する …… P38

イライラしがちな人はポケットに
いつでもガムを入れておく …… P51

「わたしって、イイ人!」と思って
あいさつをする …… P72

なにからはじめればいいか
わからないときは「重要か」
「緊急か」で仕分ける …… P78

ステキなオトナ女子は
感情を放し飼いにしない …… P82

なにがあっても
「仕事ですから」と考える …… P84

オトナ女子のステキな
雑談のきほんは「ほめ合う」
「共有する」「情報交換」 …… P106

ものごとに煮つまったら
10分だけぶらぶらしてくる …… P112

どうしても決められないなら
サイコロで決める …… P114

誘いを断るときは「誘ってくれて
ありがとう」のひと言をセットで …… P126

「ま、いっか」を口ぐせにする …… P146

太るとわかっていても甘いものを
やめられない人は、
ちゃんとおいしく食べてない …… P161

昔よりモテなくなったら
ターゲットをフォーカスする時期が
来たってこと …… P173

明日着る服を用意しておく …… P176

「明日できることは明日やろう」
でいい …… P177

「今日はだらだらする」と決めて、
積極的にだらだらする …… P184

「推し活」は楽しければ、
自己肯定感にとてもいい …… P190

「結婚したい」のに「婚活はする気がない」なら、まずなぜ結婚したいか書きだしてみる P196

親との関係がこじれたら「見守ってほしい」とだけ言う P197

なにかあったら助けてくれる人をあらかじめピックアップしておく P200

あなたが88歳になったとき、いまのあなたになんと声をかけるか考える P214

「自己有用感」が高まるコツ

落ちていただれかのゴミを拾ってゴミ箱に捨てる P70

「すみません」ではなく「ありがとう！」を口ぐせにする P76

怒りが湧いたらとりあえず6秒だけ数えてみる P100

ペンを「グッ」とにぎって「パッ」とはなす P111

温かい飲みものを飲みながら話し合う P116

お花を買ってだれかにプレゼントする P125

「自分のためにがんばる」より「だれかのためにがんばる」ほうが力が出る P135

「わたしってえらい！」と自分をよくほめてあげる P140

だれかに手土産をあげることを想像しながらデパ地下をまわる P149

休日だからこそ早起きをする P182

しばらく連絡していなかった友だちに連絡してみる P183

「ひとり時間」は人生のなかでとてもぜいたくな時間と考える P187

もしあなたが5年後死ぬとしたら、後悔しないためにしたいことを書きだす P204

憂うつな日曜日の夜は、明るくて人がいる場所へ行く P206

小さくてもいいから、自分がだれかの役に立つことを考えてみる P216

感謝の手紙を書いてみる P218

◇ 参考文献

『何があっても「大丈夫。」と思えるようになる自己肯定感の教科書』
（SBクリエイティブ）

『書くだけで人生が変わる自己肯定感ノート』（SBクリエイティブ）

『自己肯定感diary 運命を変える日記』
（SBクリエイティブ）

『毎日みるだけ！ 自己肯定感365日BOOK』
（SBクリエイティブ）

『繊細すぎる自分の取扱説明書』
（SBクリエイティブ）

『負の感情を捨てる方法「最悪」は0.1秒で最高に変わる』
（朝日新聞出版）

『トラウマが99%消える本』（すばる舎）

『堂々と逃げる技術』（学研プラス）

『一瞬でメンタルが強くなる33のメソッド 1分自己肯定感』（マガジンハウス）

『うまくいっている人がしている自己肯定感を味方にするレッスン』
（PHP研究所）

『習慣化は自己肯定感が10割』
（学研プラス）

『自己肯定感が高まる うつ感情のトリセツ』
（きずな出版）

『「知らんがな」の心のつくり方 あいまいさを身に付けるレッスン』
（KADOKAWA）

『口ぐせで人生は決まる こころの免疫力を上げる言葉の習慣』
（きずな出版）

中島 輝
なかしま・てる

自己肯定感の第一人者/心理カウンセラー/自己肯定感アカデミー主宰/一般財団法人自己肯定感学会代表。30年以上にわたる研究と実践から、独自の自己肯定感理論を確立。1人ひとりの人生に寄り添うカウンセリングで、15,000名以上のクライアントのこころの輝きをとり戻すサポートを行う。Jリーガーや上場企業の経営者など、各界で活躍する方々からも厚い信頼を得て、予約待ち6か月以上を記録。上場企業の研修オファーが殺到。各メディアから「自己肯定感の第一人者」として高い評価を得ている。自己肯定感アカデミーを設立し、「アドラー流メンタルトレーナー講座」「自己肯定感カウンセラー講座」「自己肯定感ノート講座」「自己肯定感コーチ講座」「HSPカウンセラー講座」などを主宰。毎年6,000名以上の対人支援者を育成・輩出し、経営者・プロアスリート・芸能関係者などから多くの支持を得る。現在は、資格認定団体「トリエ」「自己肯定感アカデミー」を主宰。著書は『自己肯定感の教科書』『書くだけで人生が変わる自己肯定感ノート』『自己肯定感diary』『自己肯定感365日BOOK』『繊細すぎる自分の取扱説明書』『子どもの自己肯定感の教科書』(SBクリエイティブ)など、累計70万部を突破。海外翻訳出版30冊以上。「ノンストップ!」「とくダネ!」(フジテレビ)、「news every.」(日本テレビ)、「高橋みなみの「これから、何する?」」(TOKYO FM)、「STEP ONE」(J-Wave)、「Fine!!」(TBSラジオ)などメディア出演多数。NHKの「あさイチ」では自己肯定感特集にて自己肯定感チェックテストを監修。そのほか、読売新聞、産経新聞、朝日新聞、「PHP」「anan」「CLASSY.」「美人百花」「CanCam」「VOCE」「ハルメク」「致知」「日経WOMAN」「女性セブン」「ダ・ヴィンチ」「PRESIDENT」「PRESIDENT Online」「マイナビニュース」など、メディア掲載は累計1,000を超え、いまも雑誌やWebメディアからの依頼が絶えない。講演会実績450本以上。インスタグラムフォロワー6.9万人(2025年1月時点)。

◇「自己肯定感が高まるリトリートメルマガ」

◇30秒でできる自己肯定感チェックテスト

オトナ女子のための自己肯定感LESSON帖
バタバタしない。イライラしない。クヨクヨしない。

2025年3月3日 初版第1刷発行
2025年4月6日 初版第2刷発行

著　者　中島 輝
発行人　出井貴完
発行所　SBクリエイティブ株式会社
〒105-0001
東京都港区虎ノ門2-2-1

装　丁　西垂水 敦・内田裕乃(krran)
本文デザイン　市川さつき
イラスト　坂本 彩
DTP　さかがわまな(Isshiki)
編集協力　樋口由夏
コーディネーター　久保田知子
編集担当　杉本かの子
(SBクリエイティブ)
印刷・製本　三松堂株式会社

本書をお読みになったご意見・ご感想を下記 URL、またはQRコードよりお寄せください。

https://isbn2.sbcr.jp/30546/

落丁本、乱丁本は小社営業部にてお取り替えいたします。定価はカバーに記載されております。本書に関するご質問は、小社学芸書籍編集部まで必ず書面にてお願いいたします。

ISBN 978-4-8156-3054-6